AF280497

**Philemon Bau** ist das Pseudonym eines Facharztes für Psychiatrie, der nach jahrzehntelanger Tätigkeit als Psychotherapeut einen anderen Blick auf die Beziehungen zwischen den Geschlechtern entwickelt hat als Feministinnen und Genderforscherinnen. Wissenschaftlich hat ihn beeindruckt, was Sozial- und Evolutionsbiologen zu diesem Thema an Fakten gesammelt haben, privat ist er in erster Ehe seit einundvierzig Jahren verheiratet. Seine drei Kinder leben ebenfalls in glücklichen Familien mit derzeit sechs Enkelkindern, für die er dieses Büchlein verfasst hat. Er schreibt unter Pseudonym, damit sich nicht zu viele seiner Klienten auf die Suche nach ihrem Schicksal in seinen sechzehn Liebesgeschichten machen, die alle so anonymisiert und so verfremdet sind, dass Ähnlichkeiten mit real existierenden Personen zufällig wären. Im Übrigen greift die Kunstfreiheit für satirische Passagen und solche, die reiner Fiktion entsprungen sind.

Philemon Bau

# WIE VERLIEBE ICH MICH RICHTIG?

## Ein bunter Reigen

# Inhaltsverzeichnis


Vorwort ........................................................................ 1

1. Steinzeitliche Wurzeln kappen? .................................... 5

2. Herkunft ................................................................... 9

3. Wenn die Liebe alle Schranken   überwinden will ............ 15

4. Sexuelle Passung ...................................................... 20

5. Die eisernen Regeln für halale oder koschere Beziehungen .... 25

6. Zähme deine Triebe und geh weiter .............................. 30

7. Sequenzielle Monogamie- Sackgasse für die moderne Frau? . 35

8. Transgender .............................................................. 39

9. Die herausragende Bedeutung der Peer-Group ............... 43

10. Frau im Sozialismus ................................................. 53

11. Alles richtig gemacht ............................................... 59

12. Blinde Liebe ........................................................... 62

13. Je oller, je doller .................................................... 68

14. Das Getrappel kleiner Füße ....................................... 75

15. Kann denn Liebe Sünde sein? .................................... 80

16. Wenn es los geht mit der Pubertät ............................. 89

17. Ältere Männer und junge Mädchen ............................. 96

**Vorwort**

Während dreißig Jahren geduldigen Zuhörens durfte ich von meinen Klienten lernen, dass die meisten Menschen, sofern sie denn gesund bleiben, ihr Lebensglück auf zwei Säulen aufbauen: 1. Persönliche intime Beziehungen, 2. Beruf und Karriere. Die 3. Säule Religion/Spiritualität zerbröckelt im Westen. Für die Wahl des Berufs und die darauf aufbauende Karriere greifen wir gerne auf rationale Kriterien zurück, lassen uns beraten, versuchen unsere Entscheidungen durch eine möglichst breite Informationsbasis zu stützen. Ganz anders verhält es sich bei der Partnerwahl. Hier hat sich die romantische Liebesbeziehung als Ideal in den westlichen Kulturen durchgesetzt. Dabei fand die Idee der Liebesheirat erst in der zweiten Hälfte des 18. Jahrhunderts durch Schriftsteller wie Jean Jaques Rousseau weitere Verbreitung. Dennoch blieben bis ins 19. Jahrhundert Vernunftehe oder gar arrangierte Hochzeit gelebte Realität. Die komplette Abschaffung aller christlichen Heiratsregeln inklusive Zustimmung der Eltern ist ein erstaunlich junges Phänomen, das erst seit 1968 Fahrt aufnahm. Heute gilt als Standard gesetzt, dass niemand jungen Menschen mehr reinreden darf, wenn die Liebe vorzugsweise wie ein Blitz einschlagen sollte („ich sah sie an der Bushaltestelle und es war um mich geschehen"). Irritierend wirkt ein paralleler dramatischer Anstieg der Scheidungsrate, der Zahl alleinerziehender Mütter und Patch-Work-Familien. In Großstädten wurde der Ein-Personen-Haushalt zur häufigsten Lebensform. Wer als Therapeut schwer depressive Patienten während eines Scheidungskrieges längere Zeit begleitet, begreift rasch, was für ein gewaltiges Unglückspotential sich in unserer Gesellschaft aufgebaut hat. Eine meiner schlimmsten ärztlichen Niederlagen war die diagnostische

Fehleinschätzung des „Liebeskummers" eines sympathischen 19-jährigen Mannes, über dessen Tod mich meine Arzthelferin einige Tage später informierte: „Haben sie schon gehört, Herr Doktor, was ihrem Patienten T. passiert ist? Er hat sich in einer Scheune aufgehängt." Seither unterzog ich das Liebesleben meiner Klienten einer Analyse mit der Lupe, regte zu ganz ausführlichen Schilderungen im Detail an, in deren stundenlangem Verlauf oft verstörende Intimitäten auftauchten.

Gibt es Möglichkeiten, persönlichen (und oft auch finanziellen) Katastrophen in Liebesangelegenheiten vorzubeugen?

Viel hängt davon ab, ob sich junge Menschen in der zweiten und dritten Lebensdekade bewusst machen können und wollen, dass es ein Leben nach dem 40. Geburtstag geben wird. Wie stellen sie sich ihre zweite Lebenshälfte vor? Wer sich in der Jugend an den falschen Partner bindet oder in sequenzieller Monogamie lebt (alle paar Jahre den alten gegen einen neuen Partner austauscht), gar kinderlos bleibt, darf sich im Alter nicht über fehlende Enkelkinder und familiäre Einbindung beklagen – Einsamkeit als eine der grausamen Konsequenzen des Hyperindividualismus.

Die empirische Paarforschung hat dazu einen Berg von Daten geliefert und viele Faktoren benannt, die mit belastbarer langfristiger Paarbildung korrelieren. Dass solche Faktoren mit hoher Vorhersagekraft oft biologische Wurzeln haben, hat sie in den Augen liberal gestimmter Behavioristen (von Englisch „behaviour": Verhalten) verdächtig gemacht. Behavioristen gehen überspitzt formuliert davon aus, dass der Mensch als unbeschriebenes weißes Blatt zur Welt kommt, sein Verhalten vor allem von der Umwelt bestimmt wird, damit in jede Richtung modellierbar ist. Mit anderen Worten, ein kompletter Rollentausch in einer Ehe ist für den Behavioristen kein großes Problem, während der Sozialbiologe gestützt auf empirische Daten Schwierigkeiten sieht.

In Kenntnis dieser Forschungsergebnisse gewann ich in meiner Praxis den Eindruck, dass bei den Klienten, die ihre Liebesbeziehungen unter Ausblendung der biologischen Begrenztheit des menschlichen Daseins eingingen, das Risiko des Scheiterns besonders hoch war. Für differenzierte, sprachgewandte Klienten wählte ich das klassische Setting der hochfrequenten Therapiestunden im Liegen, wobei nur der Patient liegt. Der Therapeut sitzt im Sessel, was gegen Einschlafen etwas hilft. Wenn er dennoch einmal kurz einnickt, sieht es der Klient nicht. Bei geschlossenen Augen fällt dem Patienten das freie Assoziieren leichter, die oftmals verschlossene Kammer des Gedächtnisses öffnet sich, lebhafte Erinnerungen an Details der psychosexuellen Entwicklung werden analysierbar.

Der Zeitgeist wird heute von Feminismus und Gendermainstreaming beherrscht, obwohl der zeitgleich zu beobachtende Niedergang der Familie zu denken geben müsste, enden doch paradoxerweise gerade Frauen im höheren Lebensalter immer öfter auf der Verliererseite dieser gesellschaftlichen Entwicklung (dafür leben sie weltweit etwa vier Jahre länger als Männer). Hierzu eine Anekdote (Wahrhaftigkeit nicht verbürgt) aus einer Jubiläumspodiumsdiskussion der Feministin Alice S., die ihrem Auditorium eine rhetorische Frage gestellt haben soll: Was haben uns vierzig Jahre „E." (feministische Zeitschrift) gebracht? Eine ergraute Dame erhebt aus der letzten Reihe ihre Stimme: Ganz viele einsame alte Frauen!

Es scheint an der Zeit zu sein, dass sich auch junge Menschen wieder mit den physiologischen Aspekten menschlicher Sexualität und Partnerwahl vertraut machen. Für viele oppositionell-trotzig gestimmte Jugendliche ist es natürlich eine unwiderstehliche Versuchung, auf den Zug der Libertinage aufzuspringen, im Aufruhr der Pubertät all die sorgsam erdachten Regeln der Vorfahren vom Tisch zu fegen, die im Kern dem Schutz von Frauen und Kindern, damit dem Bestand der Gesellschaft dienten. Nur möchte man solchen jungen Rebellen am liebsten mit Wilhelm Busch ins Poesiealbum schreiben: „Wehe, wehe, wenn ich auf das Ende sehe." Oder, wie Robert Musil im „Mann ohne Eigenschaften" anmerkte, dass eine Zeit, in der alles erlaubt ist, noch jedes Mal die Menschen, die in ihr gelebt haben, unglücklich gemacht hat, dass es kein großes Glück ohne große Verbote gibt.

Die folgenden siebzehn Kapitel sollen eine Hilfe sein, gewisse Pfade zu meiden bzw. vorzuziehen, bevor die Liebe im Gehirn eine Kaskade zündet, die dann tatsächlich den freien Willen außer Gefecht setzt. Liebestragödien und Liebeswahn sind in vielen Spielarten kein seltenes Phänomen. Mädchen sollten sich ab etwa 13, Jungen ab 15 mit dem Thema beschäftigen. Nach oben gibt es keine Altersgrenze.

## 1.  Steinzeitliche Wurzeln kappen?

Was hat die Menschheit 300 000 Jahre überleben lassen? Triebe. Es mag ein wenig erschreckend klingen, aber die empirische Forschung lässt wenig Zweifel daran, dass das Verhalten des Menschen nicht nur seinem freien Willen als Produkt von Erziehung und Bildung folgt, sondern zu einem gewichtigen Anteil in seine DNA eingeschrieben ist. Diese Erblichkeit war einem der klügsten Männer des 16. Jahrhunderts aufgefallen. Michel Montaigne beobachtete lediglich die Menschen in seiner Umgebung, stellte ohne Kenntnis der zu Grunde liegenden Biologie (noch nicht einmal die Existenz weiblicher Eizellen war ihm bekannt) die richtigen Fragen:

"Wie unbegreiflich ist es zum Beispiel, dass dem kleinen Samentropfen, aus dem wir hervorgehn, nicht allein die Körpergestalt, sondern auch die Denkweise und die Neigungen unsrer Väter eingeprägt sind! Wie kann diese wässrige Winzigkeit eine solch endlose Zahl von Formen fassen? Und woher kommt es, dass sich dergleichen Ähnlichkeiten auf so völlig regellose und nicht vorhersehbare Weise darin fortpflanzen, dass der Urenkel seinem Urgroßvater gleicht, und der Neffe seinem Onkel?" (Michel de Montaigne ESSAIS, erste moderne Gesamtübersetzung von Hans Stilett, Die andere Bibliothek, Eichborn Verlag, Frankfurt am Main, 1998)

Die für diese Genealogie (von altgriechisch genealogéo „die Abkunft ermitteln") verantwortliche DNA unterliegt bei allen Lebewesen den harten Gesetzen der Evolution, deren Kernsatz lautet: Was zu mehr Nachkommen führt, setzt sich durch! Wenn ich über dieses Thema mit Pädagogen spreche, schlägt mir regelhaft Unglauben, oft Empörung entgegen, denn über die letzten 100 Jahre hat das sogenannte egalitärbehavioristische Weltbild in Europa und Nordamerika seinen Siegeszug angetreten (Montaigne und Goethe würden den Kopf schütteln) mit folgender Kernthese: Die Menschen werden von ihrer Umwelt, von Eltern, Schule und Gesellschaft geprägt, sodass mit gewissen Abstufungen jeder sich zu allem entwickeln kann. Diese komplette Verleugnung der Biologie treibt ihre groteskeste Blüte in der Gender-Beliebigkeit, nach der das biologische Geschlecht nur ein soziales Konstrukt sein soll – frei wählbar. Die Behavioristen sollte das Beispiel des Kuckucks nachdenklich stimmen: Seit Jahrtausenden legt der Kuckuck seine Eier als Brutschmarotzer in fremde Nester, beglückt meist Rohrsänger - Teichrohrsänger, Sumpfrohrsänger - aber auch in halboffenen Landschaften und Wäldern viele andere Arten wie Stelzen, Pieper, Würger, Heckenbraunelle, Grasmücken, Rotkehlchen, Rotschwänze und Zaunkönige, die dann als Pflegeeltern das Kuckuckskind mit ihren Stimmen und Melodien aufziehen. Doch was ruft der junge Vogel, sobald er das Nest der Pflegeeltern verlassen hat? Kuckuck! Das komplexe Singverhalten muss auf seiner DNA eingraviert sein, woran zehntausende Jahre Umerziehungsversuche in den Nestern der unfreiwilligen Adoptiveltern nichts ändern konnten. Okay, es gibt auch den Gimpel, der seinen Gesang vom Vater lernt und Papageien, die alles imitieren. Warum Verhaltensgenetik heute als verpönt „biologistisch“ und „rechts“ gilt, Behaviorismus als modern und links, das hat viel mit Adolf Hitler und Josef Stalin zu tun. Hitler (kurioserweise ein nationaler Sozialist) fand beim Blick auf die phänomenalen Unterschiede zwischen den Völkern der Erde Gefallen an „Rassenkunde“ einschließlich der Wahnsinnsidee, durch Völkermord und Euthanasie daran etwas ändern zu wollen. Stalin protegierte Trofim Denissowitsch Lyssenko, für den Gene unsozialistisch waren (womit er Recht hatte). Landwirt Lyssenko versuchte sich an der Umwandlung von Weizen in Roggen durch Aussaat in kalter Umgebung. Kollegen, die solche Wahnsinnsexperimente im großen Maßstab nicht mitmachen wollten, ließ er in den arktischen Gulag verfrachten, wo sie dann prompt eingingen. Der Begriff Lyssenkoismus galt laut Wikipedia fortan als Schlagwort für Scharlatanerie und die Unterordnung wissenschaftlicher Erkenntnis unter die Wunschvorstellungen der Politik. Wenn es um biologisch begründete Unterschiede zwischen Menschen oder gar Subspezies (früher „Rassen") geht, beherrscht ein solcher Lyssenkoismus bis heute das Denken vieler Linker.

Doch der junge Mensch folgt in seinem Sexualverhalten einem archaischen Programm, sobald etwa ab dem 12. Lebensjahr seine Keimdrüsen mit der Produktion der Geschlechtshormone beginnen. Was in kleinen steinzeitlichen Stammesverbänden von 50 bis 100 eng Verwandten als optimales Sexualverhalten selektioniert worden ist, trifft heute auf eine gänzlich andere Umwelt. Steinzeitpaarungsverhalten und moderne Zivilisation passen nicht recht zueinander. Deshalb begannen Religionen über Jahrtausende seit der Sesshaftwerdung des Menschen Sexualität zu regulieren, um ein Miteinander in Gesellschaften zu organisieren, in denen nicht mehr 20, sondern 1000, 10 000 und später 100 000 potenzielle Sexualpartner auf engstem Raum an die Kandare genommen werden mussten. Heute spielen christliche Sexualmoral und christliche Heiratsregeln nur noch für wenige Jugendliche in Westeuropa eine Rolle, erleben allerdings in den USA und Südamerika unter den Evangelikalen (strenggläubige Christen, die die Bibel wörtlich nehmen) ein Revival (Wiedergeburt).

Den meisten Eltern ist es immer noch peinlich, mit ihren Kindern über Sex zu reden. Kinder gruselt der Gedanke an sexuell aktive Eltern (für Sigmund Freud war die kindliche Beobachtung elterlichen Geschlechtsverkehrs *die* traumatisierende Urszene schlechthin, damals in den Einraumwohnungen des Proletariats wohl ein allnächtliches Ereignis). Schulen und Eltern wissen heute nicht recht, wie sie dem Phänomen der kostenlos und frei verfügbaren Hard-Core-Internetpornographie begegnen sollen, die die Kinder schon ab dem 12. Lebensjahr zunehmend auf ihren Smartphones konsumieren. Ob es eine gute Idee ist, Drag Queens und LBTGQ-Aktivisten in den Sexualkundeunterricht einzuladen? Die Zahl der Kinder, die sich einer Geschlechtsumwandlung unterziehen möchten, steigt dramatisch. Über den Einsatz von Pubertätsblockern ist ein heftiger Streit unter Kinderpsychiatern entbrannt, denn eine solche Behandlung mit ihren Folgetherapien zur Geschlechtsumwandlung führt 100%ig zu Unfruchtbarkeit. Mir scheint es grausam, 14-Jährige solche (Fehl-)Entscheidungen ohne Beratung und Überprüfung durch Erwachsene treffen zu lassen. Vielleicht sollte man doch wieder auf die Ergebnisse empirischer Sozialforschung zurückgreifen? Das setzt voraus, dass Eltern diese kennen und gegen die Beliebigkeit der Extreme und den schrillen Internet-Aktivismus winziger sexueller Minderheiten behutsam ansteuern. Behutsam deshalb, weil die Kinder solche Kenntnisse besser nicht vor ihren Lehrern im Biologieunterricht ausposaunen sollten, denn deren Zeitgeist war durch den Feminismus geprägt und ist aktuell oft auf den queeren Zug aufgesprungen, was für so viel individuelles Unglück sorgt und die bisher sozioökonomisch erfolgreichsten Gesellschaften vielleicht an den demographischen Abgrund führt.

Die Natur hat dem Menschen den Sinn des Lebens einprogrammiert: Das Leben weitergeben!

Gehen wir auf die Suche nach den Fallstricken, die es jungen Menschen heute so schwer machen, diesen Lebenssinn zu leben. Eine trockene Literaturübersicht kann schnell langweilen, weshalb ich prägnante Beispiele inspiriert durch meine Psychotherapiesprechstunde gewählt habe, diese allerdings zur Wahrung von Persönlichkeitsrechten vollkommen anonymisiert und verfremdet. Dass die meisten Fallbeispiele illustrieren, wie Liebe grausam scheitert, hat einen simplen Grund: Aus nichts lernt man besser als aus Fehlern (gerade auch denen anderer Liebestrunkener)!

## 2.  Herkunft

Welche Rolle spielt die Herkunft oder, wie mein Kollege Peter T. es genannt hat, der „Ahnenfaktor" in Partnerschaften? Unstrittig: Scheidung ist erblich. Sind Eltern geschieden, so ist das Risiko ebenfalls in einer erschütternden Scheidung zu enden für ihre Kinder signifikant erhöht. Natürlich existiert kein Scheidungs-Gen, aber die Charaktereigenschaften (wie z.B. Verträglichkeit), die belastbaren Beziehungen förderlich sind, werden auch genetisch vererbt. Die Persönlichkeitsforschung hat sich diesen Phänomenen mit sogenannten Faktorenmodellen genähert, in großen Feldstudien fünf Faktoren herausgearbeitet, die den Charakter der Menschen maßgeblich prägen: 1. Neurotizismus (emotionale Labilität, Neigung zu Ängsten und negativem Denken) 2. Gewissenhaftigkeit 3. Offenheit für neue Erfahrungen 4. Geselligkeit und eben 5. Verträglichkeit, die man auf einer Skala von 0 bis 10 einschätzen kann, wobei 0 der unverträglichste Mensch wäre, den man sich vorstellen kann und 10 der allersympathischste.

Eine solche Beurteilung auf einer Schätzskala gelingt Freunden, Verwandten und guten Bekannten mit hoher Übereinstimmung. Wendet man solche Skalen auf eineiige (>99% identische Gene) und zweieiige (50% identische Gene) Zwillingspaare an, so kann man recht genau den genetischen Anteil der Charaktereigenschaften berechnen. Dazu liest man in der gegenüber Genen durchaus skeptischen Wikipedia: „Neuere Zwillingsstudien kommen zu dem Ergebnis, dass sogar bis zu zwei Drittel der messbaren Persönlichkeitsmerkmale auf genetische Einflüsse zurückzuführen sind."

Der Rest wäre „Umwelt", wobei diese z.B. in Gestalt der Freunde, die sich ein Individuum wählt, wiederum stark genetisch beeinflusst wird. Nach meinen Erfahrungen kommt man mit einem Verträglichkeitsscore ab 5 gut durchs Leben. Mit 4 knirscht es bereits, bei 3 lebt man im Dauerkonflikt mit seinen Mitmenschen. 6 und 7 machen das Zusammenleben immer leichter und bei 8 winkt perfekte Harmonie in der Ehe. Da hier die Gene das menschliche Verhalten hart verdrahtet steuern, kann man daran willentlich nur sehr begrenzt etwas ändern, z.B. durch Schauspielern Verträglichkeit mimen, die man sich bei anderen abgeschaut hat. Der Umerziehung eines unverträglichen Isegrims sind enge Grenzen gesetzt, weshalb man den Menschen, in den man sich verlieben möchte, unbedingt auf Verträglichkeit bewerten sollte, denn diese wird sich auf keinen Fall durch Liebe um 180° drehen lassen. Mit dem Alter werden die Menschen als Gruppe betrachtet verträglicher, aber leider nur ein bisschen, also z.B. von 3 mit Zwanzig zu 4 mit Siebzig. An welchem Verhalten erkennt man die Verträglichkeit eines Menschen? Zum Beispiel am Verhalten im Straßenverkehr, wo besonders unverträgliche Männer gerne die Sau rauslassen. Aggressiver Fahrstil, anderen Teilnehmern wegen kleiner Fehlleistungen den Vogel zeigen, deuten auf Impulsivität und Unverträglichkeit, die bei zu vielen Männern fließend in regelrechte Feindseligkeit übergeht, wenn sie bei Tempo 200 mit Dauerlichthupe Zentimeter auf die Stoßstange anderer Fahrzeuge auf der Autobahn auffahren oder jähzornig Gas geben, sobald sie ein anderer Fahrer verbotenerweise auf der Landstraße überholen will. Wer sich in solche Männer (ja, es sind Beispiele toxischer Männlichkeit) verliebt, wird das Opfer archaischer Denkmuster, die in der Steinzeit vielleicht einen Überlebensvorteil brachten, aber heute nur noch für Konflikte mit leider manchmal tödlichem Ausgang sorgen. Ich kann nur sagen: Finger weg von unverträglichen Menschen mit einem Score < 4. Man wird mit ihnen nicht glücklich. Die überwältigende Mehrheit aller Pädagogen, Sozialarbeiter, Psychotherapeuten und überhaupt aller Menschen in Westeuropa und Nordamerika ist natürlich anderer Meinung. Da waren unsere Ahnen die besseren Beobachter der Realität.

Goethe formulierte sinngemäß etwas flapsig: Es ist doch allgemein bekannt, dass man durch Bildung und die schönen Künste am ererbten Charakter wenig ändern kann.

Botho S., renommierter Dramatiker, musste siebzig Jahre alt werden, bis er 2014 im schmalen Band „Herkunft" verblüfft schrieb, dass er genau die Charakterzüge in sich trage, die er bei seinem Vater zeitlebens nicht gemocht hatte.

Wie kann man sich diese Erblichkeit des Charakters bei der Partnersuche zu Nutze machen? Man schaut sich einfach das Leben und Verhalten der Schwiegereltern in spe ganz genau an, denn diejenige, in die man sich mit 18 verliebt hat, könnte ihren Eltern mit 50 sehr, sehr ähnlich sein.

Auf solche mitunter verstörende Intergenerationalität machte ich einen Kollegen aufmerksam, der mit mir einen Plausch hielt, bis das Service-Personal des Hotels begann, die Stühle auf die Tische hochzustellen. Als im Vereinigten Königreich tätiger Consultant Psychiatrist war ich einer Einladung zur Teilnahme an einem Fortbildungswochenende ins wunderschöne historische Bath am Fluss Avon in der Grafschaft Somerset gefolgt. Der großzügige Sponsor des kleinen Kongresses zur Einführung eines neuen Psychopharmakons platzierte mich mit sechs Kollegen an einen von zwanzig Tischen in der Halle des georgianischen Hotels zum opulenten Dinner, neben mir ein junger Allgemeinarzt Robert, der seinem Landsmann und Psychotherapeuten über die nächsten vier Stunden das Herz ausschütten würde. Während des Medizinstudiums in Göttingen hatte er sich in eine junge Kommilitonin Nancy aus den USA verliebt, die wie einige schlaue US-Amerikaner über die 5% Ausländerquote für Bewerber aus Nicht-EU-Ländern einen Studienplatz besetzte, für den sie an einer US-Medical-School bis zu 100 000 Dollar pro Jahr hätten zahlen müssen. Das Studentenwerk Göttingen beließ es bei 50 DM im Semester. Nancy profitierte bei ihrer Bewerbung und im Studium von guten Deutschkenntnissen, hatte ihre Mutter doch als Bremerin kurz nach dem Zweiten Weltkrieg einen amerikanischen Besatzungssoldaten geheiratet, war mit ihm ins ländliche Idaho gezogen, wo amerikanisches Englisch Nancys starke Sprache wurde, aber so viel Deutsch dazu kam, dass es mit einem C1-Sprachdiplom für Studium und Approbation in Deutschland reichte. Ihre Mutter blieb auch nach Scheidung als Alleinerziehende von drei Kindern in Idaho. Nancy und Robert haben sie einmalig noch während ihres Studiums besucht. Nach einer Woche dort hätte Robert gewarnt sein können. Nancy ähnelte ihrer Mutter verblüffend. Nicht nur trugen beide ihr dichtes blondes Haar zu einem langen Zopf gebunden, hatten die gleiche athletische Statur und tiefe Stimmlage, nein, was die Mutter über ihren letzten Arbeitgeber mit giftigem Unterton berichtete, erinnerte stark an die spitzen Bemerkungen, mit denen Nancy all und jeden zu reizen pflegte. Gift und Galle konnten beide herrlich verspritzen. Nancy berichtete über die vielen Jobs ihrer Mutter, die regelmäßig etwa so im Personalbüro endeten: „And she stormed out!" (Empört stampfte sie aus dem Raum). Ähnlich wie ihre Anstellungsverhältnisse endeten auch beide Ehen und mehrere lose Partnerschaften der Mutter. Zurück in Deutschland entschieden sich die jungen Ärzte für eine Weiterbildung in der Allgemeinmedizin, heirateten und bekamen kurz hintereinander zwei Kinder. Weil Nancy sich mit ihren Chef- und Oberärzten wiederholt überwarf, musste die junge Familie dreimal umziehen, denn es war die Zeit der Ärzteschwemme, Weiterbildungsstellen rar. Ohne familiäre Unterstützung, überfordert durch vollschichtige Berufstätigkeit herrschte bald eine vergiftete Atmosphäre in der kleinen Familie, die dazu führte, dass Nancy begann, Deutschland zu hassen. Am Ende wollte sie nur noch weg. Man einigte sich auf einen Umzug in eine englische Kleinstadt, wo eine General-Practitioner-Gemeinschaftspraxis Nachfolger suchte. Für Robert war es als EU-Bürger damals ein Leichtes, ins britische Arztregister aufgenommen zu werden und die Niederlassungsfreiheit innerhalb der EU zu nutzen. Nancy musste als US-Amerikanerin groteske bürokratische Hürden überspringen, was ihr gelang, allerdings mit bitterem Groll. Ihre Ehepaargemeinschaftspraxis lief zunächst erfreulich, bis die vielen Fallstricke der staatlichen NHS-Bürokratie sie ins Straucheln brachten, denn beschnittene Praxiseinnahmen hielten nicht mit den Ausgaben Schritt. Sie hatten für die Praxis eine sehr hohe Ablöse gezahlt, Kinderfremdbetreuung war sündhaft teuer und die Immobilienpreise auf einem Allzeithoch. Während Robert diese Drangsalierungen aushalten und demütig meistern wollte, schaltete Nancy in den Absprungmodus der Oppositionell-Trotzigen, verkündete kurz und knapp: „Mir reichts. Ich gehe!" Gerade suchte Australien für abgelegene Landstriche Allgemeinärzte. Eine Personalvermittlungsagentur versprach, alle Formalitäten innerhalb weniger Wochen zu erledigen. Nancy unterschrieb – allein. War sie davon ausgegangen, dass Robert schon mitziehen würde wie all die letzten Jahre? Robert rechnete ihr die Verluste vor, die bei einer übereilten Auswanderung beim Verkauf von Praxis und Wohnhaus entstehen könnten, beschwor sie, die Kinder nicht schon wieder zu entwurzeln – es half alles nichts. Nur vier Wochen später stand er am Flughafen Heathrow, nahm seine Kinder mit Tränen in den Augen vor dem Sicherheits-Check-in ein letztes Mal in den Arm, da rief Nancy auch schon: „Kommt Kinder, es wird Zeit. Das Flugzeug wartet nicht!" Nur zwei Monate später erhielt er ein Einschreiben einer britischen Rechtsanwaltskanzlei, das ihn in gestelzter Juristensprache über eine von Nancy gewünschte Scheidung informierte, die sie eiskalt durchzog, was durch Anwalts- und Gerichtsgebühren ein kleines Vermögen kostete. Robert stürzte sich in die Arbeit, betäubte sich mit einer 70-Stunden-Woche, wurde dafür von seinen Patienten und auch vom Personal verehrt („der gute deutsche Doktor ist wirklich immer zu erreichen, kommt, wenn Not am Mann ist"). Nachdem wir bei leiser Lounge-Musik nicht nur zwei Flaschen Wein geleert hatten, sondern auch noch jeder einen alten Malt-Whiskey an der Bar, wollte ich ihm eine tröstende Deutung mit aufs

Zimmer geben, als der Barkeeper leise raunte: „Last Order, Gentlemen."

Ich habe Robert später das Büchlein „Der Ahnen-Faktor" geschickt.

## 3. Wenn die Liebe alle Schranken überwinden will

Lothar kam mit 34 Jahren in meine Praxis, weil er sich als Leiter eines Wohnheimes für schwer erziehbare Jugendliche nicht mehr arbeitsfähig fühlte, deshalb um eine Krankmeldung bat. Er hatte sich von seiner zwei Jahre jüngeren Frau nach neun Jahren Ehe getrennt. Die gerichtlichen Auseinandersetzungen um Unterhaltszahlungen und das Sorgerecht für die neun und sechs Jahre alten Kinder setzten ihm schwer zu. Nachts fand er keinen Schlaf mehr, tagsüber war er reizbar, verlor zu oft in Auseinandersetzungen mit seinen Schützlingen im Wohnheim die Fassung. Lothars Biografie war die eines sozialen Aufsteigers, der in einer Arbeiterfamilie aufwuchs. Der Vater war ein einfach strukturierter, gutmütiger Industriearbeiter, die Mutter eine sehr ehrgeizige Frau, die mit 16 Jahren ungewollt schwanger geworden unter Schulabbruch und fehlender Berufsausbildung zeitlebens litt. Sicher hat sie ihre Aufstiegssehnsucht kräftig in den Sohn projiziert, der prompt eine Bilderbuchschullaufbahn hinlegte, tatsächlich nach dem Abitur als erster in der Familie studierte. Die Eltern kamen finanziell gerade eben über die Runden, hegten einen verständlichen Groll gegen Bonzen des Besitzbürgertums, was sich in stramm sozialdemokratischem Denken und Gewerkschaftsaktivitäten niederschlug, die sich stark auf Lothar übertrugen. Das mag ein Grund gewesen sein, warum er unter seinen Mitschülern auf dem Gymnasium keine Freunde fand. Die Söhne und Töchter der Ärzte, leitenden Angestellten, Kaufleute und Rechtsanwälte blieben unter sich, tauchten nicht nachmittags auf dem Bolzplatz oder abends in den Kneipen auf, die Lothar etwa seit dem 16. Lebensjahr auch unter Missachtung der Jugendschutzgesetze frequentierte. Hier hat er dann mit sechzehn seine erste große Liebe kennengelernt, eine 14jährige Hauptschülerin, die scheinbar desinteressiert qualmend im Jugendtreff stand. Seine Eltern guckten erstaunt, als sie einige Monate später dieses Kind vorgestellt bekamen. Sie untersagten allerdings die von Lothar eingeforderte Übernachtung in seinem Zimmer, was der mit einigen unflätigen Bemerkungen quittierte. Im folgenden Jahr beendete das Mädchen Ines ihre Schulzeit mit einem sehr, sehr mäßigen Zeugnis, ergatterte mit Mühe und Not eine Lehrstelle als Zahnarzthelferin. Zu dieser Zeit waren die beiden unzertrennlich und bereits intim miteinander. Lothar hat damals mit seiner ersten Geschlechtspartnerin einen extremen erotischen Dauerrausch erlebt. Ähnlich früh waren seine eigenen Eltern sexuell aktiv geworden, nur konnte Ines die Pille nehmen, damit eine ungewollte Schwangerschaft zunächst zuverlässig verhindern. Sein Vater war wortkarg, ein Gespräch mit dem Sohn über persönliche Beziehungen oder gar Sexualität undenkbar. Da Ines' Eltern mit drei weiteren Töchtern in der Nachbarschaft wohnten, war so einiges über diese Problemfamilie im Umlauf, was Lothars Mutter Sorgen bereitete. Beide Elternteile waren in ersten Ehen geschieden. Der Vater trank heftig. Die älteren Schwestern wechselten häufig die Partner, bei nächtlichen Partys mussten Nachbarn schon einmal die Polizei rufen. Als Lothars Mutter solche Beobachtungen zum Anlass nahm, den Sohn wegen seiner Liebesbeziehung zu kritisieren, reagierte der mit Kontaktabbruch. Es traf sich gut, dass er gerade das Abitur abgelegt hatte. So zog er für einige Wochen

in das chaotische Haus der „Schwiegereltern", bis sein Studium
der Sozialpädagogik weit weg begann, er sich dort mit Ines eine
Wohnung nahm. Wegen Nebenwirkungen hat sie wenige Jahre
später die Pille abgesetzt, wurde prompt schwanger. Die eilig
angesetzte Hochzeit fand in einer eisigen Atmosphäre statt,
weil Lothars Mutter die Verbindung missbilligte. Das erste En-
kelkind sorgte später für Entspannung. Ines gab nach der Geburt ihres zweiten Kindes die Berufstätigkeit auf. Die junge Familie bedurfte massiver, auch finanzieller Unterstützung durch
die Eltern. Diese bemerkten, dass Ines die Ansprüche ihres
Mannes, was Haushaltsführung und insbesondere die Kinder-
erziehung anging, nicht erfüllen konnte. Das lag vor allem an
ihren eingeschränkten intellektuellen Fähigkeiten. Es bestand
zwischen den Eheleuten eine geschätzte IQ-Differenz von
zwanzig Punkten. Die symbiontische Liebesbeziehung der ersten Teenagerjahre war mit dem Eheschluss zu einer Betreuer-
Schützling-Konstellation mutiert. Als studierter Sozialpäda-
goge war Lothar ein in der Wolle gefärbter Behaviorist, der nun
allerdings die Grenzen des durch Pädagogik Erreichbaren
schmerzlich zu spüren bekam. Sein anfänglich fürsorglicher
Umgangston nahm immer öfter Befehlscharakter an. Ines hatte
eigentlich keine geistigen Interessen, was Lothar wurmte. Ganz
im Zeitgeist abonnierte er für sie das feministische Magazin
„Emma", meldete sie mehrfach in Frauengruppen an, die sich
um Emanzipation bemühten. Die Kinder bereiteten viel Kummer, weil der Sohn bereits im Kindergarten durch extremes
Verhalten auffiel, die Tochter in der Grundschule scheiterte,
auf eine Förderschule wechseln musste. Den Kummer, den
Lothar täglich am Arbeitsplatz mit seinen aus Problemfamilien
entnommenen Schützlingen erlebte, durfte er auch daheim aushalten. Als sein Befehlston immer rauer wurde, ist Ines dem Rat

ihrer „Schwestern" im örtlichen „Emanzenclub" gefolgt und reichte die Scheidung ein. Der folgende Scheidungskrieg stürzte Lothar in eine mittelgradige Depression mit monatelanger Arbeitsunfähigkeit. Antidepressive Medikation half ihm wenig. Die psychotherapeutischen Gespräche krankten daran, dass Lothar auf keinen Fall an seinem Dogma der beliebigen Umerziehbarkeit des Menschen rütteln lassen wollte. Die von mir entlastend gemeinte Intervention mit Verweis auf die hochgradige Erblichkeit von Intelligenz und problematischem Verhalten hat er empört zurückgewiesen, bestand darauf, dass das Scheitern seiner Ehe an mangelnder pädagogischer Arbeit seinerseits lag. Der Gedanke, dass Lebenspartner am ehesten ein ganzes Leben miteinander auskommen, wenn sie über ein annähernd gleiches, angeborenes intellektuelles Potential verfügen, war für ihn undenkbar. Nach Monaten der Arbeitsunfähigkeit bewilligte der Rentenversicherungsträger eine mehrwöchige stationäre Rehabilitationsmaßnahme in einer psychotherapeutischen Fachklinik. Dort hat sich Lothar in eine zehn Jahre jüngere Mitpatientin verliebt, die ebenfalls unter Scheidungsfolgen litt, von Beruf studierte Sozialpädagogin war.

Hätte Lothars dramatisches Scheitern verhindert werden können? Er hat recht exemplarisch durchlebt, dass zum sozialen Aufstieg mehr gehört als nur gute schulische Förderung. Wer vormittags mit den Kindern des Bürgertums die Schulbank drückt, abends und an Wochenenden aber eine Peer-Group aus der Unterschicht auf Bolzplätzen und in Kneipen trifft, gerät in ein gefährliches Spannungsfeld. Die Wahrscheinlichkeit ist hoch, dass er dadurch eine erste Liebesbeziehung zu einem Menschen entwickelt, der deutlich unter seinem Intellekt operiert. Es ist so, als spiele er in zwei verschiedenen Ligen. Es kommt hinzu, dass viele Jugendliche aus der Unterschicht ihre ersten sexuellen Erfahrungen früher sammeln als die der Oberschicht. Hätten Lothars Eltern eingreifen können? Schwerlich. Vorausschauend hätten sie den Jungen frühzeitig in konstruktive Gruppen einführen müssen, in denen sich bevorzugt Gymnasiasten finden, als da sind die Musikschulen mit ihren diversen Orchestern, bei Sportvereinen eher die Tennis- als die Boxsparte. Aber hätte Lothars Vater den Jungen mit der Schülerunion oder den Jungen Liberalen bekannt machen können? Wohl kaum. Dazu schlug sein Herz zu heftig für Klassenkampf. Ein Gespräch über die enorme Kraft einer ersten Liebesbeziehung insbesondere in frühester Jugend hätten sie aus eigener bitterer Erfahrung heraus führen können. Ein Hinweis auf die vielen, vielen jungen Mädchen, die er als Student in ganz naher Zukunft noch kennenlernen würde, wäre nicht deplatziert gewesen, auch ein Pochen auf die Einhaltung des Jugendschutzgesetzes in Bezug auf Gaststättenbesuch und Alkoholkonsum nicht unangemessen. Die Gefahr, die von Clubs ausgeht, sollte man nicht unterschätzen. Ich erinnere einen älteren Kollegen aus Berlin, der mir berichtete, dass er seinen Sohn mit 18 Jahren praktisch an die Berliner Szeneclubs verloren hatte. Der Gymnasiast verließ auch werktags nach 22.00 Uhr das Elternhaus, um selten vor 4.00 Uhr morgens von seinen nächtlichen Streifzügen zurückzukehren, sich nach zwei bis drei Stunden unruhigen Schlafs zur Schule zu quälen. Die Kultur des ekstatischen Tanzens, die in Techno-Clubs gepflegt wird, schafft nicht nur dauernde Hörschäden, sondern beflügelt auch sexuelle Kurzkontakte, die nicht immer gut ausgehen. „Chemsex" heißt die unheilvolle Kombination aus Drogeneinnahme mit Einbau von Sex in den Rausch. Man muss mit Kindern sehr früh wiederholt über solche gefährlichen Eskapaden sprechen, am besten bevor sie das erste Mal in eine Vorhölle stolpern. Zwar kommt die Mehrheit aus einem Probierverhalten unbeschadet wieder heraus, die, die hängenbleiben, sind dann allerdings auf viele Jahre für ein akzeptables Sozialverhalten verloren. Das Problem scheint sich allerdings durch „Fogo" (fear of going out) aufzulösen: Nach Einbruch der Dunkelheit geht man besser nicht mehr aus, schon gar nicht zu Veranstaltungen, in denen k.o.-Tropfen in Getränke gemischt werden oder Rudel junger Männer aus bestimmten Weltregionen für Stress sorgen. Es existieren Netzwerke im Internet, auf denen sich perverse Männer darüber austauschen, wie man an geschmacksneutrale Narkotika kommt, um Bekanntschaften, Freundinnen, Ehefrauen und Verwandte zu betäuben. Neueste Mixtur ist ein frei im Internet gehandeltes „Haargesundheitsmittel", das hochpotente Tiernarkotika enthält und in seiner Verpackung sogar bei einer Hausdurchsuchung nicht auffallen würde. Der Trend geht unter weniger hartgesottenen Jugendlichen zur Party mit Freunden daheim, Streaming-Diensten und Catering durch Lieferservice.

## 4. Sexuelle Passung

Die Bedeutung von Sexualität erfährt für verschiedene Paare unterschiedliche Gewichtung. Die empirische Sexualforschung hat erstaunliche Ergebnisse geliefert. Die Extreme reichen von Sex mehrmals am Tag bis weniger als einmal im Jahr. Im günstigsten Fall sollten auch auf diesem Gebiet menschlicher Bedürfnisse die Partner möglichst gut zueinander passen, sonst kommt es zu einem weitverbreiteten Frustphänomen: Besonders ältere Ehemänner leiden unter der Asexualität ihrer langjährigen Partnerinnen, was Anlass zu Dauerfrust und

Schlimmerem sein kann. Die Unterschiede im Bedürfnis nach sexuellen Aktivitäten dürften wie Körpergröße, Gewicht und Eignung für bestimmte sportliche Aktivitäten vor allem genetisch angelegt sein. Spätestens mit Einsetzen der Geschlechtsreife erkennt man sie leicht am Masturbationsverhalten. Da ein Mädchen im Prozess des Kennenlernens ihren potenziellen intimen Freund nur höchst selten fragen wird, wie oft er am Tag masturbiere, muss sie indirekt seinen Grad der Sexualisierung prüfen, indem sie sein Verhalten beobachtet. Ein junger Mann, der die Phase des romantischen Werbens überspringt, sofort unter die Wäsche will, dürfte nicht der geeignete Partner sein, wenn sie verschämt vielleicht nur einmal im Monat masturbiert und dabei selten einen Orgasmus erlebt.

Edeltraut war eine distinguierte ältere Dame, die ich als Gerontopsychiater in einer der vornehmen Seniorenresidenzen unserer Stadt kennenlernte. Mit 84 Jahren ließen ihre Geisteskräfte nach, sie machte auf das Pflegepersonal einen depressiven Eindruck, kam nachts nicht mehr zur Ruhe. Gewünscht war ein Rezept über ein mildes Schlafmittel. Da weder der verordnete Hopfenextrakt noch Melatonin anschlugen, nahm ich mir bei einer abendlichen Visite die Zeit für eine längere Exploration, erfuhr, dass diese feine Frau ihr Leben ruminierte, dabei war, eine bittere Bilanz zu ziehen. Ihre Eltern entstammten einem Geschlecht äußerst erfolgreicher Kaufleute, die es geschafft hatten, ein beachtliches Vermögen über die Wirren zweier Weltkriege zu retten. Man residierte in einer beeindruckenden klassizistischen Villa, hatte Personal, ermöglichte auch den Töchtern eine gediegene Schulbildung allerdings ohne anschließende Berufsausbildung. Die war den Brüdern vorbehalten, die später das elterliche Unternehmen weiterführen sollten. Klavierunterricht, Fremdsprachen, Sport und gehobene Konversationszirkel dienten der Vorbereitung der Töchter auf Ehe und Familie. Junge Verehrer aus besten Familien wurden zu verschiedenen Anlässen eingeladen. Edeltraut hatte die Qual der Wahl. Dabei unterlief ihr ein verhängnisvoller Missgriff. Hin und wieder saß sie stundenweise im Büro der Firma, wo ständig Handelsvertreter aus ganz Deutschland vorstellig wurden, um ihre Kollektionen zu präsentieren. Das Wirtschaftswunder hatte Fahrt aufgenommen, Staubsaugervertreter fuhren Opel Rekord. Einer, der Gusseisenwaren vertrieb, rauschte im Mercedes vor, war ein paar Zentimeter kleiner als Edeltraud, was er versuchte durch hohe Absätze unter den Schuhen zu kaschieren. Ein hübscher kleiner Mann, der mit schwarzem Kraushaar und feinen Gesichtszügen enorm expansiv auftrat, wie ein Wirbelwind im Kontor unter den Lehrmädchen für Aufregung sorgte. Er schien stolz darauf zu sein, die Schule in den Nachkriegswirren bereits mit fünfzehn verlassen und aus der ersten Lehrstelle herausgeflogen zu sein, weil er den Lehrmeister tätlich angegangen hatte, eben eine Kämpfernatur, die sich von niemandem etwas sagen lassen wollte, was zum einsam durch die Lande fahrenden Handelsvertreter passte, jeden Tag auf der Jagd nach Umsätzen, Verkaufsabschlüsse als Beute, zeitgleich flüchtige Kontakte zu so vielen jungen Verkäuferinnen, die für plumpen Charme empfänglich waren. Edeltraud mit ihrer Klugheit wäre auf diesen Hans Dampf in allen Gassen sicher nicht hereingefallen, wenn da nicht im Hintergrund die Eltern aktiv geworden wären, denn Hans war der Sohn eines erfolgreichen Handelsvertreters, der ein überregionales Netzwerk pflegte, mit Edeltrauds Vater gut bekannt sehr bald die geschäftlichen Vorteile einer familiären Verbindung ins Spiel brachte. Die beiden alten Männer kungelten bereits über Mitgift und das Kapital für eine Unternehmensgründung. Edeltrauds Vater verhielt sich blauäugig, verzichtete auf vertiefte Recherche über Familie und das Vorleben seines Schwiegersohnes in spe. So kam dessen Don Juanismus erst nach Eheschluss ans Licht. Es existierten bereits uneheliche Kinder, für die Unterhalt zu zahlen war. Was bewegte Edeltraut schlussendlich zu einem Ja-Wort für einen kleineren Mann, der mit seiner Unbildung so weit unter ihr stand? Bei seinem Auftritt als Energiebündel war immer eine ordentliche Portion Aggressivität präsent, zunächst verbal, dann bei jeder Ausfahrt in seinem Mercedes-Cabriolet durch riskantes Fahrverhalten erlebbar. Die sanfte kluge Edeltraut war beeindruckt von einem Urvieh, das Beute heimbringen, Frau und Kind verteidigen konnte. Aus der Primatenforschung ist wohl bekannt, dass die aggressivsten Männchen den meisten Nachwuchs zeugen, auch bei den nur angeblich so sanften Bonobos die Weibchen sehr beeindrucken. Das mit reichlich Nachwuchs traf auch Edeltraud mit sieben Geburten und fünf lebenden Kindern, aber um welchen Preis. Hans hatte Affären im ganzen Bundesgebiet, setzte die von den Eltern eingefädelte Unternehmensgründung mit einer Insolvenz in den Sand, gründete im hohen Lebensalter gar noch eine Zweitfamilie in einem bettelarmen Land der Dritten Welt. Sie hätte einen großen Bogen um Männer mit hohem Aggressionspotential machen sollen, die durch ihre mangelnde Impulskontrolle oft nicht als Familienväter taugen, sich gegenüber Kindern erratisch verhalten. Im Mittelalter hatte man versucht, durch strikte Heiratsregeln solche Charaktere einzuhegen, bzw. von der Vermehrung auszuschließen. Ein reguliertes hierarchisches Zunftwesen schickte die jungen Gesellen durch verschiedene Betriebe. Nur durch Akzeptanz eines etablierten Meisters und am besten Einheirat war die Gründung einer Familie denkbar. So wurde auf Gewissenhaftigkeit und Beständigkeit selektioniert, weil Halodris die kleinen Gesellschaften destabilisiert hätten. Außerehelicher Geschlechtsverkehr kam sicher vor, war aber selten, weil brutal sanktioniert. Wer dabei erwischt wurde, durfte geteert und gefedert aus der Stadt gejagt werden, da war die Sexualmoral der Kirche unerbittlich. So sollen nach einer Schätzung im Mittelalter bis zu 50% der Unterschichtmänner von der Vermehrung ausgeschlossen worden sein, vielleicht ein Grund für das geistige Abheben der Europäer? Auch so eine verstörende Erkenntnis der Sozialbiologie: Man kann auf Charaktereigenschaften und Intelligenz züchten!?

Die gewünschte starke Schlaftablette mochte ich Edeltraut nicht rezeptieren, denn solche Hypnotika erhöhten die Sturzgefahr. Warum sollte man die ersehnten zehn Stunden Nachtschlaf pharmakologisch erzwingen? Sie legte sich um 21.00 Uhr sehr früh zu Bett, erwartete den Schlaf innerhalb weniger Minuten, der so nicht kam. Einmal eingeschlafen wachte sie spätestens nach drei Stunden auf, wälzte sich unruhig, bis sie um 7.00 Uhr zerschlagen aufstand. Ich riet ihr, auf den reichlichen Schwarztee-Konsum nach 17.00 Uhr zu verzichten und aus den dreißig programmierten Fernsehkanälen Sendungen auszuwählen, die sie bis Mitternacht unterhalten könnten. Für die quälenden kleinen Stunden nach Früherwachen dachten wir uns ein Projekt aus. Ihr Leben war derart interessant verlaufen, dass es sich lohnen würde, für die Enkelkinder die Erinnerungen an heute fast unglaubliche Turbulenzen schriftlich zu fixieren. An diesem Gedanken fand sie Gefallen. Einer der Enkel half ihr bei der Erstellung einer reich bebilderten Biografie, die sie wie eine Art Fotobuch in einer Auflage von zehn Exemplaren bestellen wollte – für jeden Enkel eines. Das Projekt würde sie viele, viele Nächte beschäftigen, war Gesprächsstoff an den kleinen Tischen im großen Speisesaal der Seniorenresidenz. So konnte sie das Leiden an der im Alter regelmäßig gestörten zirkadianen Rhythmik akzeptieren, nachts werkeln und tagsüber immer wieder im Lehnsessel einnicken.

## 5. Die eisernen Regeln für halale oder koschere Beziehungen

Während die Zahl junger Europäer aus alteingesessenen Familien dramatisch schrumpft, wächst die Zahl der Einwanderer aus Westasien und Afrika durch rasante Vermehrung, Familiennachzug und Kettenmigration unaufhaltsam. Dieser rasch wachsende Bevölkerungsanteil ist zumeist muslimischen Glaubens. Während das säkularisierte Europa christliche Heiratsregeln weitgehend entschärft hat, ist das unter vielen Muslimen anders, was junge Türken, Afghanen oder Araber durchaus in Konflikte mit der europäischen Mehrheitskultur stürzen kann, denn „Zina" (Unzucht unter Unverheirateten) ist streng verboten. Sex vor der Ehe kann niemals halal sein. Die Stammesältesten der Wüstenvölker, die die Scharia als Regelwerk für ihre Gesellschaften in die Welt gesetzt hatten, muss der Erhalt funktionierender Familien angetrieben haben, denn Familienrecht ist das Kernstück der Scharia. Es geht um den Schutz von Frauen und Kindern, wobei die Muftis einem Irrtum unterlagen: Frauen sind nicht die hypersexuellen Verführerinnen, gegenüber deren Reizen, insbesondere offen getragenen Haaren, die Männer wehrlos sind. Eva als ewige Verführerin Adams war ein überaus tragischer Irrtum der semitischen Stämme des fruchtbaren Halbmondes. Nein, Männer haben x-mal mehr Interesse an Sex als Frauen (siehe die Zugriffsdaten auf pornographische Internetseiten. Es gibt keine Bordelle, in denen sich Männer an Frauen verkaufen, Dick-Pics werden unaufgefordert praktisch nur von Männern gerne anonym im Internet verschickt). Mit der bis heute erlaubten Vielehe waren die muslimischen Stammesältesten dagegen nahe an der biologischen Evolutionsrealität, sahen in der Brünftigkeit ihrer jungen Männer einen Grund, Sexualität scharf zu regulieren. Christentum und Judentum entschieden sich für die Einehe, was verhindern sollte, dass größere Teile der männlichen Bevölkerung ohne Sexualpartner leer ausgingen. Erstaunlich ähnlich sind sich die patriarchalischen Religionen Islam, orthodoxes Judentum und katholische Kirche in der Ächtung außerehelicher Sexualität, wobei die Scharia-Strafen zur Durchsetzung (Auspeitschung, Steinigung) ein besonderes Kaliber auszeichnet. Islamische und ultraorthodoxe jüdische Regeln führen dazu, dass Semiten als Gruppe betrachtet früh heiraten und viele Kinder zeugen. Alle drei im Nahen Osten „erfundenen" Religionen ächten Homosexualität, was sozialbiologisch in Stammesgesellschaften Beziehungen unterdrückt, die keine Kinder produzieren. Diese frühen Gesellschaften waren demographisch ständig von Auslöschung bedroht durch extreme Säuglingssterblichkeit, frühen Tod der Mütter im Kindbett, Seuchen und grausame Kriege. Hohe Geburtenraten waren das einzige Mittel gegen die drohende Auslöschung, nur mussten die Kinder und Mütter eben auch versorgt werden, was wiederum durch strenge religiöse Regeln geschah, die bei den fundamentalistisch gestimmten jungen Muslimen oder Ultraorthodoxen in Europa heute grotesk dysfunktional wirken. Was für Probleme entstehen, wenn strenggläubige Muslime sexuelle Beziehungen zu Nicht-Muslima eingehen (was sie nach der Scharia dürfen, nur umgekehrt Muslima mit Christ ist streng

verboten), darüber sind herzzerreißende Romane geschrieben
worden. Die Scharia garantiert dem Vater das alleinige Sorgerecht für gemeinsame Kinder nach einer Scheidung. Welche pikanten nahöstlich-deutschen Verwicklungen sich in diesem
Spannungsfeld ergeben, durfte ich über Jahre bei einem arabischen Freund A. beobachten, der mit seinen Glutaugen dem
Ägypter Omar Sharif (Doktor Schiwago) verblüffend ähnelte,
aber aus Syrien stammte und dort Medizin studiert hatte, bevor
er für eine Weiterbildung zum Neurochirurgen nach Deutschland kam, wo er, jeglicher Kontrolle durch seine Großfamilie in
der Heimat enthoben, alle Regeln vergaß, die ein gläubiger
Moslem einhalten sollte. Keine Gebete, keine Besuche der Mo-
sche, keine Beschränkung auf maximal vier Frauen. Nein, die
deutschen Krankenschwestern der Klinik waren sein Harem, in
dem Wein und Champagner in Strömen flossen. Unter seinen
männlichen Kollegen hatte er den Spitznamen „Hengst". Da
unter dem weiblichen Klinikspersonal auch eine Reihe von
Jungfrauen seinem Charme erlagen, hatte Allah ihm das Para-
dies eben bereits auf Erden gegönnt. All diese pikanten Details
hat er zu fortgeschrittener Stunde im stark alkoholisierten Zustand während von der pharmazeutischen Industrie gespon-
serten Abendveranstaltungen ausgeplaudert, Reminiszenz seiner Jugend, die bereits einige Zeit zurücklag, hatte er doch an
der Klinik keine Karriere machen können. Es gab wenige neu-
rochirurgische Abteilungen, damit wenige Oberarzt- und Chef-
arztpositionen. Es blieb nur das Ausscheren aus Klinikshierar-
chien, in denen die Nachbesetzung von Positionen auch nach
ethnischen Kriterien erfolgt (Wiktionary: „Gleich und Gleich
gesellt sich gern." Bedeutungen: [1] Menschen, die einander
ähnlich sind, verbringen gern Zeit miteinander). Neurochirur-
gie ambulant in freier Praxis war schwierig, weshalb A. den

damals noch möglichen Abzweig zum praktischen Arzt wählte, zum Landarzt in einem großen Dorf mutierte. Die vielen gebrochenen Herzen junger deutscher Krankenschwestern? „Ihre Eltern hätten besser auf sie aufpassen sollen." Während häufiger Besuche in der alten Heimat arrangierten seine Eltern Abendessen im kleinen Kreis, bei denen angesehene Familien aus der Oberschicht Damaskus' ihre blutjungen Töchter präsentierten, aber niemals auch nur eine Minute mit A. unbeaufsichtigt. Um mit einer dieser Schönheiten aus Tausend-und-eine-Nacht Sex zu haben, musste er sie jungfräulich heiraten, was er tat. Diese Hochzeit mit einer Achtzehnjährigen war für ihn mit achtunddreißig ein alkoholfreies gesellschaftliches Großereignis in der schiitischen Community. Frauen und Männer der Hochzeitsgesellschaft feierten in getrennten Sälen. Seine junge Braut verpflanzte er nach einer Flitterwoche auf Zypern aus der Millionen-Metropole Damaskus in ein norddeutsches Dorf. Sie sprach kein Wort Deutsch, war aber bereits nach vier Wochen schwanger. Sie sprach fließend Französisch, die Dorfbewohner nicht. Es waren die anderen jungen Mütter, mit denen sie sich bei Schwangerschaftsgymnastik rasch anfreundete, die ihr Deutsch beibrachten. Das Kopftuch hatte ihr A. klugerweise noch auf dem Flughafen abgenommen: „In Deutschland darfst du dein wunderschönes Haar zeigen." Kurz hintereinander gebar sie zwei Töchter und einen Sohn, der ab der Pubertät als arabischer Feuerkopf ein schwieriges Verhalten an den Tag legte. Die junge Mutter war für viele Jahre mit ihren drei Kleinkindern ausgelastet, beneidet von ihren neuen deutschen Freundinnen, die nach kurzer Elternzeit Berufstätigkeit, Haushalt und Kinderbetreuung unter einen Hut bringen mussten. A. konnte seiner Frau sogar eine Putzfrau spendieren, fuhr mittlerweile in einem 500er Luxuswagen herum – dem Traum eines jeden arabischen Mannes, der es geschafft hatte, sich ein Ferienhaus in Latakia an der Mittelmeerküste kaufte, wo er regelmäßig von einer Lücke im ansonsten strengen islamischen Familienrecht Gebrauch machte: der Kurzzeitehe mit Prostituierten. Außerhalb der Gesetze war dann allerdings die Schwangerschaft einer seiner Arzthelferinnen. Wie er mit dieser jungen Dorfbewohnerin eine Zweitfamilie gründete und das über Jahre geheim halten konnte, ist mir bis heute schleierhaft. Entweder waren die Dorfbewohner strohdumm, wollten es nicht sehen oder A. hatte die Qualitäten eines James Bond, was Geheimhaltung anging. Irgendwann flog die Bigamie dann doch auf und unser Herzensbrecher musste schwer büßen, denn er hatte versäumt, einen Ehevertrag zu schließen, was der Scheidungsanwältin seiner Frau ermöglichte, A. über die Zugewinngemeinschaft fast in die Privatinsolvenz zu treiben. A. hatte diesen „Teufel", wie er die Juristin nannte, sogar mehrmals aufgesucht und all seinen Charme spielen lassen, biss aber bei dieser lebenslangen Junggesellin im strengen Kostüm mit hochgeschlossener Bluse auf Granit. Sie fand einen Praxisgutachter, der den Praxiswert astronomisch hoch ansetzte, ebenso einen Immobilienfachwirt, der das Wohnhaus und die Ferienimmobilie bewertete, dazu der Versorgungsausgleich aus der berufsständigen Altersversorgung – alles Hälfte Hälfte, dazu Unterhaltszahlungen für seine drei Kinder, die als Pendler zwischen der arabischen und europäischen Welt bisher ihren Platz im Berufsleben nicht gefunden hatten, sondern ihre Zeit in Orchideenfächern an verschiedenen Universitäten vertrödelten. Die Anwältin traktierte ihn mit Pfändungsbescheiden, A. glitt vollständig in den Alkohol ab, als auch noch der syrische Bürgerkrieg ausbrach. Der Teil seiner Großfamilie, der in Aleppo wohnte, floh mit A.s

Hilfe, quartierte sich auf Dauer in seinem Wohnhaus ein, das bald einem Heerlager glich. Diese Flüchtlinge waren mit dem Assad-Regime aneinandergeraten, was wiederum A. eine Art Kontaktschuld eintrug, die zur Konfiszierung seines wunderschönen Ferienhauses in Latakia führte. Ich war einige Jahre jünger als er, dennoch suchte er bei mir Rat, vielleicht weil ich ihm als Psychotherapeut einige schwierige Patienten abgenommen hatte, die ihm nur Positives berichteten. Was blieb zu tun? Scherben zusammenkehren. Seinen viel zu hohen Alkoholkonsum mochte er nicht einschränken, ebenso wenig auf die Schachtel Zigaretten am Tag verzichten, was ihm Vorhofflimmern und Herzinsuffizienz bescherte. Das reichte noch nicht für eine Berufsunfähigkeitsrente, meine zusätzliche psychiatrische Diagnose schon. Es gelang ihm mit Mühe, seine Landarztpraxis zu verkaufen, was es ihm ermöglichte, nach Mallorca umzuziehen, wo er noch kurze Zeit mit der deutschen Konkubine im Ruhestand umnebelt leben konnte, bevor ein Herzinfarkt das Ende eines Mannes besiegelte, der aus dem engen Korsett seiner Kultur ausgebrochen war.

## 6. Zähme deine Triebe und geh weiter

Cem war 19 Jahre alt, als ihn sein aufmerksamer Hausarzt wegen einer Angststörung überwies. Er war nicht in der Lage Fahrstuhl zu fahren oder in einen Zug zu steigen, was aber unumgänglich wurde, um zum angebotenen Arbeitsplatz in der 50 km entfernten Großstadt zu pendeln. Agoraphobie mit Panikattacken lautete die einfach zu stellende Diagnose. Ein Grund, warum junge Mediziner mit den schlechtesten Examensnoten die Psychiatrie als ihr Fachgebiet wählen: Es gibt nur wenige Diagnosen, die man in den meisten Fällen ohne

Einsatz komplizierter Diagnostik nach fünf Minuten Zuhören und wenigen Fragen stellen kann. Für die Therapie gibt es nur wenige Medikamentenklassen und die meisten Patienten verlassen die Ambulanz mit einem Rezept über Sertralin. Ich nahm mein Fachgebiet als Seiteneinsteiger aus der Neurologie ernst, trieb einen höheren Aufwand. Cems biographische Anamnese bot reichlich andere Gründe für seine Probleme in Beziehungen und Beruf. Die Eltern waren vor Armut und Bürgerkrieg aus dem türkisch-kurdischen Grenzgebiet nach Deutschland geflüchtet, wo der Vater als Schichtarbeiter in einem Zuliefererbetrieb der Automobilindustrie schmales Geld für die fünfköpfige Familie verdiente, die Mutter auch nach 25 Jahren nur wenige Brocken Deutsch sprach, ließ sich doch der Alltag im vorwiegend von Migranten bewohnten Stadtteil auch ohne Kenntnisse der Landessprache bewältigen, weil es türkische Läden und Ärzte in fußläufiger Entfernung gab. Die letzte Zeile meines Biographiebogens ließ Raum für „Drei Wünsche". Cem grinste: „Schwarzer 3er, tiefergelegt, getunt, Sex mit ganz vielen deutschen Mädchen haben, später in der Türkei eine Jungfrau heiraten, Muslima und mit ihre viele Kinder machen." Da musste auch ich grinsen, denn mit dem getunten 3er Angeberauto würde es schwierig werden. Er hatte keinen qualifizierten Hauptschulabschluss, war seit dem Auslaufen berufsfördernder Maßnahmen arbeitslos. Möglich wären nur Maler- oder Fleischerlehre gewesen, wobei es keinen halalen Ausbildungsbetrieb der Fleischindustrie am Ort gab. Ein Onkel aus der weitverzweigten Verwandtschaft betrieb Gastronomie und Shisha-Bars in der nächsten Großstadt, hatte Cem Anstellung angeboten, was aber täglichen Einstieg in den Regionalexpress der Bahn bedeutet hätte – Horror mit Panikattacken inklusive. Diese häufige Angststörung ist der Verhaltenstherapie mit

Angstexpositionstraining gut zugänglich. Ich arbeitete gerne mit dem Patientenmanual „Platzangst – ein Übungsprogramm" des britischen Psychologen Andrew C., was im Fall von Cem an mangelnder Lesefähigkeit scheiterte. Er war funktioneller Analphabet, musste sich die Textpassagen von mir vorlesen lassen, fand das alles kompliziert und langsam: „Hast du keine Tablette für mich?" Hatte ich schon, Sertralin könnte sein Angstniveau etwas senken, die Heftigkeit von Panikattacken dämpfen. Aber ganz ohne eine abgestufte Exposition gegenüber den angstauslösenden Situationen würde es nicht gehen. Auch weil er mir in seiner naiven Hilflosigkeit sympathisch war, wurde Cem einer der wenigen Klienten, die ich zu Beginn der Verhaltenstherapie buchstäblich an die Hand nahm und die erste Reise im Nahverkehrszug mit ihm antrat – 10.00 Uhr, da waren die Waggons leer. Die Hausaufgabe lautete, fahre jetzt ohne Begleitung täglich, bis du dich im Zug gut fühlst. Dann fahre um 9.00 Uhr, dann um 8.00 Uhr, zuletzt um 7.00 Uhr im dichten Gedränge des Berufsverkehrs. So steigert man langsam den Schwierigkeitsgrad bei der Angstexposition. Er machte rasch Fortschritte, fasste großes Zutrauen zu mir, präsentierte nach vier Wochen in der Praxis ganz aus dem Zusammenhang der Therapiestunde gerissen ein verstörendes Video auf seinem Smartphone. Es zeigte drei Jugendliche aus seiner Community, die ein offensichtlich bewusstloses Mädchen auszogen und sexuelle Handlungen an ihr vornahmen. Cem: „Ich wollte auch, aber mein Schwanz wurde nicht steif. Liegt das an deinen Tabletten?" Ich atmete tief durch, guckte ihn kopfschüttelnd an: „Ja, die Tabletten können als Nebenwirkung zu Erektionsschwäche führen. Aber um Gottes Willen, was ging da ab?" Cem druckste herum. Deutsche Mädchen standen eben nicht gerade Schlange, um mit den Jungs aus seiner Community Sex zu haben. Türkische oder arabische Mädchen waren Tabu. So lungerten die Möchtegern Talahons in der Nähe der Oberschulen des heruntergekommenen Viertels herum, Mädchen gucken und „komm mal her" feixen. Welche Mädchen sprangen auf diese Anmache an? Z.B. Minderjährige, die infolge Alkoholembryopathie (Mutter hatte während der Schwangerschaft zu viel Alkohol getrunken) bei Intelligenzminderung ihr naiv-distanzgemindertes Verhalten zu leichter Beute machte. Solche vulnerablen Kinder wurden früher beschützt in kleinen Förderschulen unterrichtet, liefen seit der Totalinklusion mehr oder weniger verstört durch die Flure der tosenden Oberschulen, in denen Migrantenkinder die Mehrheit stellten. Weil selbst solche Mädchen vor einem Gangbang weggelaufen wären, halfen diese Talahons mit k.o.-Tropfen nach. Ich: „Cem, was deine Kumpel da gemacht haben, ist eine schwere Straftat. Auch danebenstehen und filmen." Cem: „Eeeh, das sehen sie falsch. Die wollte das." Ich: „Und wozu dann die k.o.-Tropfen? Willst du in einem Gerichtssaal sitzen, deine Eltern dabei und zu mehreren Jahren Gefängnis verurteilt werden?" Er wurde ganz klein im Sessel, hatte sich bis zur nächsten Therapiestunde besonnen, das Video gelöscht, das Smartphone formatiert und sich eine neue SIM-Karte gekauft. Ich hatte einen Eindruck bekommen, in was für eine Bredouille ein Teil der jungen Migranten aus Westasien in Deutschland geraten war. Für den Nahen Osten erwachte mein Interesse mit Karl Mays „Durchs wilde Kurdistan", später Thomas L.s „Fata Morgana" und ganz besonders Orhan P.s Sittengemälde Ostanatoliens „Schnee" (was den Landsleuten des Nobelpreisträgers übel aufstieß, kamen sie als archaische Hinterwäldler darin doch gar nicht gut weg). Bereist hatte ich diese Krisenregion nie, war oft im Anflug auf Dubai über die verdorrten

Landschaften in 10 km Höhe hinweggeflogen, meinte aber eine Ahnung zu haben, warum die dort lebenden Völker an ihrer Fruchtbarkeit zu Grunde gingen und die Frauen verhüllten. In Deutschland liefen junge Mädchen leicht bekleidet herum, verhielten sich aufreizend selbstbewusst, im Internet war brutale Machosexualität mit ihnen frei kostenlos anzuschauen. War es ein Wunder, dass die Situation in den Schwimmbädern immer öfter außer Kontrolle geriet? Ich besuchte das Stadtbad mit den Enkeltöchtern nur noch vormittags, wenn die Talahons schliefen. Gab es für Cem einen sozial akzeptablen Weg zu Liebe und Sexualität? Langzeitarbeitslosigkeit und Bürgergeld machten ihn nicht gerade attraktiv. Um sein Potential abzuschätzen, hatte ich in unsere Therapiesitzungen zwei kurze Intelligenztests (KAI und Matrizen nach Raven) eingebracht, die anders als der große Hamburg-Wechsler-Test nicht arg sprachlastig waren. 87 IQ-Punkte erreichte Cem – passend zu seinem fehlenden Schulabschluss. Für die ersehnte Ausbildung zum Automechatroniker reichte es einfach nicht. Ob die anstehende Anstellung beim Onkel in der Gastronomie eine Chance bot? Bei Zoll und Steuerfahndung standen Shisha-Bars und ethnische Gastronomie unter verschärfter Beobachtung. Aber was blieb ihm, optisch markiert wie er war, anderes als den ausgetretenen Wegen zu folgen, die seine Community vorsah? Wenn es mit der Assimilation durch interethnische Liebesbeziehungen nicht lief, blieb für ihn nur die Reise ins Land der Großväter, wo sein deutscher Pass ein Pfund war, mit dem er wuchern konnte, ein junges Mädchen aus der Armut der Bergdörfer ins reiche Deutschland führen und durch solche Kettenmigration die Probleme in seinem Viertel zementieren. Immerhin machte Cem gute Fortschritte beim Beüben seiner Ängste, konnte mittlerweile in proppenvolle Züge einsteigen, berichtete mir, dass die Familie mit ihren Bars und Grillstationen richtig gut Geld verdiente, er sich die Sache mit Hochzeit in der Türkei überlegt habe. Der Onkel kenne dort eine Familie mit mehreren Töchtern, die ganz, ganz hübsch seien – Cousinen zweiten Grades. Das angstlösende Medikament konnte er absetzen, zog in ein kleines Zimmer über dem Restaurant des Onkels und verabschiedete sich am Ende einer 25 Sitzungen kurzen Therapie, die arg direktiv verlaufen war. Cem gierte nach „klaren Ansagen", wollte aus jeder Sitzung eine Art Mantra mitnehmen, um damit bis zum nächsten Termin in der Spur zu bleiben. Mit meiner abgeschlossenen Hypnose-Ausbildung im Hintergrund fand ich in Analogie zu posthypnotischen Befehlen Gefallen am Ersinnen solcher Formeln, die Cem beim Verlassen der Praxis leise murmelnd wiederholte: „Zähme deine Triebe und gehe weiter!"

## 7. Sequenzielle Monogamie als Sackgasse für die moderne Frau

R. war ein fast siebzigjähriger Kollege, der seine Orthopädiepraxis nur noch als Auslaufbetrieb führte, durch eine beginnende Parkinsonerkrankung auch unter psychischen Problemen litt. Die vom Neurologen verordneten Antiparkinsonmedikamente hatten eine beängstigende Zwangssymptomatik ausgelöst, die sich nach Umsetzen der Medikation nicht vollständig zurückbildete. Zusätzlich gab es erste Hinweise auf kognitive Defizite, also eine beginnende Parkinson-Demenz. Er versprach sich Hilfe von therapeutischen Sitzungen, wollte aus einem Ruminationszwang (ständiges Wiederkäuen) über die Fehler seines Lebens herauskommen. Eines der Parkinsonmedikamente, ein Agonist am

Dopamin-Rezeptor, hatte ein enormes sexuelles Verlangen geweckt, das seine Ehefrau verstörte. R. strebte eine Art Katharsis (Entlastung durch Beichte) an, breitete seine vorehelichen Beziehungen, drei an der Zahl, im Detail vor mir aus. Für Jugendliche in den 70er Jahren gab es wohl im Biologieunterricht ein, zwei Stunden Aufklärung, aber die wesentlichen Informationen bezogen Teenager damals aus der Jugendillustrierten von einem gewissen Dr. S. Dabei ging es fast ausschließlich um Verhütung von Schwangerschaften, ansonsten war alles erlaubt, wenn man Dr. S'. Anweisungen folgte, erst Necking, gefolgt von Petting, dann rein. Die Jugendillustrierten lieferten mit Bildern teilentblößter Mädchen stimulierende optische Reize für Masturbation. Die reichen Eltern seiner Schulfreunde kauften Playboy, später Cosmopolitan, deren ausklappbare Nacktaufnahmen schöner Frauen er als Schätze unter seiner Matratze aufbewahrte. Dass blutjunge Teenager in ständig wechselnden Partnerschaften Sex miteinander hatten, galt in den siebziger Jahren plötzlich als gesetzt. Erstaunlich, dass die Grundlagen des Verhältnisses der Geschlechter weder im Biologie- noch im Religionsunterricht jemals zur Sprache kamen. Warum gibt es in den großen Religionen Heiratsregeln? Ist es der Sinn des Lebens, das Leben weiterzugeben? Niemand hatte mit B. darüber gesprochen, wie sich exzessiv gelebte Sexualität mit Familie und Kindern vereinbaren ließe. Es glich einem kleinen Wunder, dass er nicht wie sein Vater bereits mit 20 Jahren Vater geworden war. Glück gehabt. Denn über seine erste intime Liebe erfuhr er bereits nach wenigen Wochen von älteren Jungs: „Geiles Flittchen!" Solche mitleidigen, abschätzigen Kommentare konnte er wortlos schlucken. Die körperliche Vereinigung mit der gerade sechzehnjährigen Birgit hatte in seinem Gehirn eine eiserne Bindung erzeugt, die felsenfest sieben Jahre hielt. Wäre es in dieser Zeit zu einer Schwangerschaft gekommen, hätte er exakt das Leben seines Vaters wiederholt. Aber die Pille verhinderte Konzeption, weder seine noch ihre Eltern drängten auf Eheschluss. Birgit hatte ihm gleich zu Beginn ihrer Beziehung sehr freimütig ihre Defloration mit fünfzehn geschildert. Damals gab es an ihrer Realschule verschiedene Cliquen, die unterschiedliches Ansehen genossen. Die Jungs aus der Abgangsklasse gluckten zusammen mit einigen älteren Ehemaligen. Zu deren Feten eingeladen zu werden, war sehnlichster Wunsch der Mädchen aus Klasse Neun, zu denen auch Birgit gehörte. Als die Einladung kam, reichlich Apfelschnaps und Bier geflossen waren, ließ sie sich aus dem Partykeller in eines der Schlafzimmer des sturmfreien Hauses schleifen und ausziehen. Birgit meinte, dass der Sex dazugehöre, war von da an Stammgast bei allen Feten dieser Clique, die Kondome nicht mochte, es einfach drauf ankommen ließ. Konsequente Verhütung hat sie erst von R. gelernt. Es war kein Problem, unverheiratet eine gemeinsame Wohnung anzumieten, eine Langzeitbeziehung ohne Trauschein scheinbar das Normalste der Welt bis R. im Studium eine Kommilitonin kennenlernte, den Drops der Verliebtheit noch einmal lutschen wollte. Mit der schmerzhaften Trennung nach sieben Jahren versaute er Birgit wahrscheinlich das Leben, denn sie stapfte auf einen langen zweiten Bildungsweg in die von den Feministinnen angepriesene Kinderlosigkeit, wurde Psychotherapeutin, am Ende eine einsame alte Frau. Mit der Kommilitonin ging es drei Jahre gut. R. wollte einen Abschnitt seines praktischen Jahres im Ausland ableisten, die Partnerin blieb für die Facharztausbildung an einer deutschen Klinik. R. verliebte sich fernab der Heimat in eine exotische Krankenschwester, ließ das seine Ex in einem kurzen Brief wissen, was sie in eine schwere Krise stürzte, hatte sie doch erst im letzten Jahr eine nicht geplante Schwangerschaft abbrechen lassen.

R. litt im Angesicht seiner unheilbaren schweren Parkinsonerkrankung unter unheilbaren schweren Fehlentscheidungen in seinem modernen Männerleben, in dem er mindestens drei Frauen sehr, sehr weh getan hatte. Er steigerte sich in einen Schuldwahn hinein, reagierte kaum auf meine Versuche, eine mildere Perspektive zu finden. Immerhin hatte er anders als so viele seiner Altersgenossen keine der jungen Frauen mit Kindern sitzenlassen, für die viele flatterhafte Väter noch nicht einmal Unterhalt zahlten – ein Massenphänomen in einer Gesellschaft, die Väter sogar aus ihrer finanziellen Verantwortung allzu leichtfertig entlässt. Das Jugendamt zahlt. In einer der letzten Therapiesitzungen breitete R. ein Szenario aus, über das er seit Monaten sinnierte: Wenn sich die erste große Liebe derart tief ins Gehirn einbrannte, wie wäre sein Leben verlaufen, wenn er sich mit Anfang Zwanzig nicht nur verlobt, sondern geheiratet hätte, mit Mitte Zwanzig Vater geworden wäre („ich hätte den Sack zumachen müssen")? R. spielte ernsthaft mit dem Gedanken, diese erste große Liebe zu kontaktieren, hatte ihre Anschrift via Internet recherchiert. Ich riet von solch obsessivem Verhalten ab, fürchtete, dass er zum Stalker werden könnte, versuchte seinen Versündigungsgedanken einen anderen Dreh zu geben: „Wenn sie demnächst mit ihrer ersten großen Jugendliebe Goldene Hochzeit feiern könnten, würden sie dann vielleicht heute mit mir über verpasste Lebenschancen sprechen, über die lustfeindliche Fessel des sechsten Gebotes?"

# 8. Transgender

Martin, ein 32jähriger Maschinenbauschlosser, kam in meine Sprechstunde, weil er ein fachärztliches Attest für eine Kehlkopfoperation in einer darauf spezialisierten HNO-Klinik in den neuen Bundesländern benötigte. Bei einem Attest würde es nicht bleiben, denn es sollten in rascher Folge urologische Operationen, Hormonbehandlung und der Eintrag seines neuen Geschlechts beim Standesamt folgen. Martin wollte zu Martina mutieren, also phänotypisch Frau werden als genotypischer Mann mit XY-Chromosomensatz. Und was für ein Mann: 185 cm, athletischer Habitus, riesige schwielige Hände mit Oberarmumfang größer als der meines Oberschenkels. Die biographische Anamnese erbrachte keine Hinweise auf absonderliche Entwicklungen in früher Jugend. Er durchlief die Hauptschule am Ort, lernte Schlosser in einem Betrieb für Landmaschinen, in dem schon sein Vater gearbeitet hatte, leistete Wehrdienst, blieb ein eher schüchterner Junggeselle mit sehr seltenen Sexualkontakten, die alle für ihn wenig befriedigend abliefen. Psychosomatische Magenbeschwerden, wegen derer er sich von Hausarzt und Gastroenterologen nicht ernst genommen fühlte, führten ihn vor zwei Jahren in die Sprechstunde einer psychotherapeutischen Heilpraktikerin, die ihn irgendwann fragte, ob er in seinem Körper als Mann eigentlich glücklich sei. Sie händigte ihm die Broschüre einer Selbsthilfegruppe für Transgender-Personen aus. Martin begann zu lesen, kontaktierte queere Aktivisten, fand Gefallen am Gedanken, im falschen Körper zu stecken. Die Ärzte, die mit den technisch schwierigen Operationen zur Geschlechtsorganumwandlung immer besser geworden waren, hatten ihn gründlich aufgeklärt. Es war noch keine hundert Jahre her, dass eine Mann zu

Frau Operation erstmalig an Einar Wegener durchgeführt worden war, der sich standesamtlich in Lily Elbe umbenannte, kurze Zeit später 1931 wahrscheinlich an den Folgen einer Uterustransplantation starb. Es handelte sich um hochgefährliche experimentelle Eingriffe, denn es gab weder Penicilline noch Immunsuppressiva zur Unterdrückung von Abstoßungsreaktionen nach Organtransplantation. Heute sind Uterustransplantationen möglich und einige Schwangerschaften konnten danach bereits ausgetragen werden. Die hochdosierte Hormonbehandlung hatte Martin bereits begonnen, registrierte freudig ein Wachstum seiner Brustdrüsen. Ich betrachtete seine enormen Unterarme ohne ein Gramm Unterhautfettgewebe, die von Venen dick wie Kabelstränge gekreuzt wurden. Martin hatte die dichte Behaarung mit Wachs sorgfältig epiliert, dennoch sahen diese Arme weiter wie die eines Gladiators aus. Seine glatten schwarzen Haare erreichten schon fast Schulterlänge, weshalb er im Betrieb ein Haarnetz trug, um bei der Arbeit an den laufenden Maschinen sicher zu sein. Sehr bald wollte er Chef und Kollegen bitten, ihn zukünftig als Martina anzusprechen. Ich atmete schwer durch, denn wie sollte das gutgehen? Aber es war zu spät für das therapeutische Säen von Zweifeln, zumal die Mehrzahl der Operierten bei Nachbefragungen mit dem Ergebnis zufrieden war, denn die plastisch-chirurgisch geschaffene Vulva war für einen gynäkologisch unerfahrenen Betrachter nicht von einer natürlichen zu unterscheiden. 90% der Befragten gaben sogar an, mit dem neuen weiblichen Genitale orgasmusfähig zu sein. Die Chirurgen wollten von mir nur eine Unbedenklichkeitsbescheinigung, damit keine ernste F-Diagnose aus dem Kapitel psychische Erkrankungen der Internationalen Klassifikation der Krankheiten ICD-10 den geplanten Operationen im Wege stünde. An einer

Psychose, Depression oder schwergradigen Angststörung litt Martin sicher nicht. Immerhin existierte noch das Kapitel „Störung der sexuellen Identität" mit F64.0 „Transsexualität" als codierfähig, wobei eine Liste von typischen Symptomen nur für ein Auftreten in der Kindheit aufgeführt war. Mit der Einführung von ICD 11 sollte diese Codierung gestrichen werden. Hoffentlich ging bei den anstehenden delikaten OPs nichts schief. Ich bezweifelte, dass es dem HNO-Kollegen gelingen konnte, aus einer tiefen Bassstimme einen hellen Sopran mittels Glottoplastik zu zaubern. Auch unter massivsten Östrogendosen würden seine großen Hände bleiben, wie sie waren. So, wie sich Martina das erträumte, konnte die moderne Medizin sie nicht hinbekommen. Nicht nur auf den zweiten Blick, sondern weiter auf den ersten sollte Martin ein Mann bleiben, damit leichte Beute für grausame Spötter besonders unter seinen einfach strukturierten Arbeitskollegen. „Herr M., ich würde mich im Betrieb noch nicht outen. Die Menschen sind noch nicht so weit. Schon gar nicht in unseren Dörfern. Wenn es ihnen gut gehen soll, müssen sie dorthin gehen, wo andere Menschen denken und leben wie sie. Da bleiben eigentlich nur die ganz großen Städte. In der Enge ihres kleinen Dorfes werden sie als Martina eine exotische Erscheinung bleiben, müssen mit Häme vielleicht sogar Hass rechnen. Tun sie sich das nicht an. Bewerben sie sich bei einem der großen Fahrzeug- oder Metallbauunternehmen z.B. in Berlin. Sie sind ein erfahrener Metallbauer. Da wird es Arbeit für sie geben und dort gibt es all die Clubs, in denen sich Menschen treffen, die ihr Schicksal teilen." Er nickte, griff nach dem Attest, zahlte an der Rezeption 10 Mark gegen Quittung. Zwei Jahre hörte ich nichts von ihm, bis Martina wieder für ein Attest (mittlerweile zahlte seine Krankenkasse auch medizinisch indizierte Epilation/Haarentfernung) in meinem Sprechzimmer saß. Sie war doch tatsächlich in die Hauptstadt umgezogen, wollte sich aus Anhänglichkeit für meinen Berlin-Tipp bedanken, hatte gerade einen der sehr seltenen Besuche bei ihren Eltern hinter sich, die jedes Mal mit Jammer seiner Mutter endeten („Enkelkinder wirst Du uns doch nie bescheren"). Das Eintauchen in die queere Community Berlins hatte Martina das Tor zu exotischen Nächten geöffnet, Enttäuschungen inklusive. Sie lernte Akobi, einen Schwarzafrikaner, kennen, der als siebzehnjähriger aus Nigeria nach Deutschland gekommen war, dessen Asylantrag keinen Erfolg hatte. Es drohte die Abschiebung. Martina fand Gefallen an diesem jungen Mann, der sicherlich viel älter als achtzehn war, verzweifelt auf der Suche nach Eheschluss mit einer Einheimischen, worauf Martina vielleicht eingehen wollte, wenn, ja wenn er denn zur Wahrung des Scheins bei ihr einzöge, wohl oder übel das einzige Bett in der Ein-Zimmer-Wohnung mit ihr wenigstens für die Zeit teilen wollte, bis er die ersehnte Aufenthaltsgenehmigung in der Tasche hätte, die zunächst an den Fortbestand der Ehe geknüpft wäre, also von Martinas Gnaden. Nur ein Kind mit einer Deutschen könnte seinen Rauswurf aus Deutschland auch nach einer Scheidung verhindern. Martina hatte bis dahin die Kopulationsfähigkeit ihres künstlich geschaffenen Geschlechtsorganes nur mit einem Dildo bei Sex mit sich selbst getestet. Sie waren schon ein merkwürdiges Paar, wenn sie nebeneinander lagen, Akobi 175 cm, Martina 185 cm. Über ihren Transstatus hatte sie ihn nicht vollständig aufgeklärt, erinnerte ihn immer öfter an seine ehelichen Pflichten, denen er weiterhin mit Ausflüchten auswich, bis sie in die unterste Schublade griff und nachts ein Kind von ihm verlangte. Von da an hatten sie jede Nacht für beide sehr befriedigenden Sex. Das Eheglück fand ein jähes Ende, nachdem eine geschwätzige Drag Queen, Martinas Königin der Nacht, Akobi aufgeklärt hatte. Es kam zu einer entsetzlichen Szene, in deren Verlauf er ihr sogar ein Messer an den Hals hielt, seine Sachen packte und davonlief. Ich stellte das Attest aus, verlangte erschüttert keine Gebühr. Liebe und Partnerschaft waren schon für die >90% der Menschen ohne „Störung der sexuellen Identität" kompliziert genug, für die queere Community schien mir alles noch verwickelter.

## 9. Die herausragende Bedeutung der peer-group: Was verschafft mir ein gutes Standing unter meinen Freunden?

Das wachsende Interesse am anderen Geschlecht beginnt mit dem Einsetzen der verstärkten Hormonproduktion in den Keimdrüsen bei Mädchen ab zehn, bei Jungen ein bis zwei Jahre später. Im frühen 19. Jahrhundert lag der Zeitpunkt der ersten Regelblutung noch zwei Jahre später. Eine drastische Verschiebung des Zeitpunkts der Menarche setzte in der Mitte des 19. Jahrhunderts ein, fand durchschnittlich jedes Jahrzehnt drei bis vier Monate früher statt, was wahrscheinlich an besserer Ernährung und anderen Umwelteinflüssen lag. Parallel wurden die Menschen auch immer größer und klüger (Flynn-Effekt).

Pubertät bedeutet mehr als nur das Wachsen von Brüsten, Hoden oder Bärten. Das gesamte Gehirn wird unter dem Ansturm der Hormone umgebaut und neu verdrahtet, Millionen von Neuronen werden abgeschaltet, die graue Hirnrinde schrumpft beträchtlich, was die mitunter extremen psychischen Veränderungen erklärt, die merkwürdigerweise auch mit einer vorübergehenden Abnahme der Intelligenz und des

Urteilsvermögens einhergehen. Wie hart es sein kann, in dieser
Lebensphase brünstig zu werden, daran mag sich so mancher
Leser schmerzlich erinnern. Mir scheint das Wegbrechen klarer
Geschlechteridentitäten und dazu passender gesellschaftlicher
Rollenmusterzuweisungen seit den sechziger Jahren des letzten Jahrhunderts, das Durchlaufen dieses Reifungsprozesses
noch schwieriger gemacht zu haben. Jugendliche orientieren
sich seither immer weniger am Verhalten ihrer Elterngenera-
tion („we don`t need no education"). Nicht mehr die Tanz-
schule ist der Ort, um Zweisamkeit galant rhythmisch einzu-
üben („der Herr führt die Dame"). Tiktok, Instagram und rasch
wechselnde andere angesagte Plattformen durchdringen die
Gehirne der Kinder, verführen zu oft destruktivem Verhalten.
„Wenn der Influencer seinen Followern befiehlt, in den Brun-
nen zu springen, springst du dann?" (der „Paracetamol-Chal-
lenge" ist aktuell so ein tödlicher Sirenen-Gesang). Die chinesische Staatsführung hat es bewogen, das Internet für Kinder
besonders streng zu reglementieren. Die chinesische Version
der beliebten Kurzvideo-App TikTok darf von Kindern unter
14 Jahren nur noch maximal 40 Minuten pro Tag genutzt werden, zwischen 22 Uhr und 6 Uhr überhaupt nicht. Der liberale
Westen lässt es vorerst laufen.

Eine verzweifelte Kollegin rief mich kurz vor Weihnachten
an, weil sie Angst hatte, ihr 17jähriger Sohn Benjamin könnte
sich etwas antun. Da saßen sie vor mir, eine Kollegin Mitte
Fünfzig, die ihrem Einzelkind alle Freiheiten gelassen hatte inklusive der jeweils neuesten Version des iPhones plus neuer
Vertrag mit unbegrenztem Datenvolumen ohne jegliche Zu-
gangsrestriktionen. In den letzten Wochen hatte sich der Junge
immer mehr zurückgezogen, nahm an den gemeinsamen
Mahlzeiten der Familie nicht mehr teil, fiel regelrecht vom

Fleisch. Wenn sie an seiner Zimmertür lauschte, hörte sie ihn morgens greinen und schluchzen. Die Mutter führte als Allgemeinärztin eine kleine Praxis, die sich bevorzugt um grüne Klientel mit Vorliebe für Esoterik und Homöopathie kümmerte. Ich wollte einen gewissen Kontrapunkt setzen, zog meinen weißen Kittel über, bat den Jungen, sich bis auf die Unterhose zu entkleiden, untersuchte ihn gründlich nach allen Regeln der neurologisch-internistischen Kunst. Hochauffällig war eine schwere Akne vulgaris im Gesicht, auf Schultern und Brustbereich, die seit zwei Jahren wütete, bereits tiefe Narben hinterlassen hatte. Warum war diese entstellende Hauterkrankung nicht lege artis behandelt worden? Die Mutter hatte an einen anthroposophischen Dermatologen überwiesen, der die wirksame Behandlungsmöglichkeit mit Isotretinoin nicht einmal erwähnte. Ich enthielt mich jeglichen Kommentars in Gegenwart der Kollegin. Bei 182 cm Körpergröße und 58 kg Gewicht war der Junge untergewichtig, hatte vor sechs Monaten noch 70 kg gewogen. Ein großes Laborprofil inklusive Schilddrüsenparameter zeigte keine auffälligen Werte. Der Zusammenhang zwischen Gewichtsverlust und zu geringer Nahrungsaufnahme war naheliegend. Appetit- und Gewichtsverlust sind typische Symptome schwerer Depressionen. Den psychopathologischen Befund dokumentierte ich noch in Gegenwart der Mutter mit einem Score von 24 Punkten auf der Hamilton-Depressionsskala, was schon an der Grenze zwischen mittelschwerer und schwergradiger depressiver Episode lag. Lebensüberdruss, gar suizidale Gedanken verneinte er leise. Ich musste da unter vier Augen noch nachhaken. Suizide bei Blutsverwandten gab es nicht zu berichten. Da Mutter und Sohn die probeweise Einnahme eines Antidepressivums kategorisch ablehnten, bot ich zwei Sitzungen kognitive Verhaltenstherapie pro Woche an, rezeptierte zur täglichen Psychoedukation ein Selbsthilfeprogramm, dass er sich via Internet auf sein Smartphone laden konnte. Die Arbeit mit Benjamin gestaltete sich während der nächsten Wochen sehr erfreulich. Zentrales Problem seiner Selbstwertproblematik war die mangelnde Akzeptanz unter seinen Mitschülern auf einer großen integrierten Gesamtschule mit heterogener Schülerschaft, in der auf dem Pausenhof die Fraktion lauter Jungen mit Migrationshintergrund den Ton angab. Benjamin hatten sie den Spitznamen „Pocke" angehängt, eine Anspielung auf seine Akne. Jugendliche können grausam sein, genauer gesagt 5 bis 24%, denn so viele, glaubt man empirischer Feldforschung, tragen sadistische Neigungen in sich, ein lebenslang hartnäckiger Charakterzug, der genetisch fixiert sein muss, denn Mütter bringen ihren Söhnen eher selten das Quälen von Tieren bei. Benjamin war nun gar kein Sadist, schien mir allerdings auch nicht der Hellste zu sein. Die Lehrkräfte schüttelten ob seiner mäßigen Leistungen öfter den Kopf. Ich investierte zwanzig Minuten in einen kurzen Intelligenztest, den progressiven Matrizen nach Raven, die ihn bei einem IQ von 100 einordneten, also normale Intelligenz und damit guter Realschüler. Er würde sich anstrengen müssen, das Abitur zu schaffen. Um die zerstörerische Akne zu stoppen, musste ich mich mit der Mutter anlegen, stellte Benjamin eine Überweisung in die Ambulanz der Hautklinik aus, wo ihn eine erfahrene Oberärztin mit Schwerpunkt Aknetherapie beriet, natürlich Isotretinoin verordnete, was der Junge nur zu gerne testen wollte, derweil Mutter nach Lektüre des haarsträubenden Beipackzettels zunächst kategorisch „nein, nie" zeterte. Ich druckte ihr Originalliteratur aus, die einen Zusammenhang zwischen Depressionen und Suiziden unter Isotretinoin-Therapie ganz unwahrscheinlich erscheinen ließ. Zähneknirschend beobachtete sie den phänomenalen Erfolg der Behandlung. Die Moleküle des Vitamin-A-Abkömmlings bremsten die Talg produzierenden Zellen in der Haut aus, sodass die Ausführungsgänge der Talgdrüsen nicht mehr verstopften. Die rotblau zerfurchten Wangen blassten ab. Die Außenseiterposition unter seinen Mitschülern erlebte er weiter besonders bitter im virtuellen Raum, denn was immer er auch in den sozialen Medien präsentierte, fand keine Aufmerksamkeit, keine „Likes". Wie viele Jungs seines Alters hatte er mit etwa dreizehn Jahren begonnen, täglich kostenlose Internetpornographie zu konsumieren. Während der letzten sechs Monate war das fast zum Erliegen gekommen – Libidoverlust als Symptom der Depression. Kurz zuvor hatte eine erste romantische Beziehung zu einer Mitschülerin aus der Jahrgangsstufe unter ihm ein verstörendes Ende gefunden. Mit dem sechzehnjährigen Mädchen Shirin, deren Eltern aus Kurdistan nach Deutschland geflohen waren, hatte er sich nur wenige Male auf dem Pausenhof unterhalten, ihr Tipps für anstehende Tests gegeben, im großzügigen Wohnhaus seiner Eltern am PC Lernsoftware überspielt. Seine Mutter war ganz aus dem Häuschen gewesen, als das Kopftuch-Mädchen zum ersten Mal scheu durch die riesige Wohnhalle schlich, um mit dem Sohn in seinem mit allerlei IT-Ausrüstung vollgestellten Zimmer zu verschwinden, wo nicht mehr passierte, als dass einige schüchterne Küsse getauscht wurden. Shirin dokumentierte ihr erstes Techtelmechtel ausgiebigst, denn was gibt es unter Freundinnen Interessanteres zu berichten als Jungsgeschichten? Benjamin bekam reichlich Taschengeld, konnte Shirin nach der Schule in die coolste Eisdiele der Stadt einladen, wo er ihr riet, das sizilianische Pistazieneis zu kosten. Sie fotografierte die opulent dekorierten Becher auf dem Tisch, verschickte Textnachrichten während sie löffelte, fotografierte ihn, schickte wieder eine Message. Ihr Handy summte, Textnachricht. Sie gab ihm einen Kuss, stand auf und ging. Als er die Eisdiele verließ, standen da plötzlich vier junge Kurden neben dem Eingang, packten ihn: „Hör mal, du Hurensohn, was du mit unserer Schwester machst, ist nicht halal." In der nächsten Sekunde schickte ihn ein fürchterlicher Schmerz im Gesicht zu Boden. „Du guckst sie nicht mehr an, sonst stechen wir dich ab." Benjamin spürte, wie es warm über seine Lippen und Kinn rann. Von nun an hielt er sich von Shirin fern, sie von ihm. Wir thematisierten die Schwierigkeiten interkultureller romantischer Beziehungen, die tatsächlich selten tödlich enden – Ehrenmord eher sehr selten. Die Anziehungskraft des Exotischen ist ein weltweites Phänomen. In Taiwan kam es im Internet unter der männlichen chinesischen Mehrheitsbevölkerung zu einem Shitstorm gegen Taiwanesinnen, die die auf der Insel in großer Zahl arbeitenden „Langnasen" anhimmelten, weil diese Europäer einen so viel romantischeren Umgang mit Frauen pflegen konnten als Han-Chinesenmänner. Über das gleiche Phänomen in Japan sind Bücher geschrieben worden. Europäische Männer, für die sich in Deutschland keine Frau interessiert, dürfen sich in Tokio eines Don Juan Status erfreuen. Die Literaturnobelpreisträgerin Han Kan beschreibt ihre koreanische Kultur als eine, in der Fremde nicht gegrüßt oder angelächelt werden. Keine der interkulturellen Partnerschaften, die ich in Praxis und persönlichem Umfeld kennenlernen konnte, ging langfristig gut, was natürlich daran liegen mag, dass nur schwierige Menschen zum Psychiater laufen. Benjamin hatte den Leistungskurs Biologie gewählt. Ich drückte ihm den Bestseller „Adams Apfel und Evas Erbe" des Evolutionsbiologen Axel M. in die Hand, erklärte ihm die sozialbiologische Wurzel von Rassismus: in-group-versusoutgroup-preference. Mittels sokratischen Dialoges (scheinbar offene Fragen, die aber eigentlich nur eine Antwort zulassen) führte ich ihn zur Erkenntnis, dass es vergebene Liebesmüh ist, ständig um die Bewunderung möglichst vieler Altersgenossen zu buhlen. Es reicht völlig aus, eine oder einen zu beeindrucken, die aber richtig. Und diese eine gilt es zu erkennen, wenn sie sich nähert. Nichts ist demütigender, als hinter eigentlich unerreichbaren Frauen herzulaufen, womöglich zum Stalker zu werden. Nein, *Frauen* treffen die Wahl. Warte, bis eine dir Signale sendet und stelle dir ernsthaft die Frage, könnte sie die Liebe meines Lebens werden? Lerne ihre Eltern, besonders ihre Mutter kennen. Fühlst du dich von ihrer Mutter angezogen? Das wäre optimal, eine Art Garantie, dass dir deine große Liebe auch nach dreißig Jahren noch erhalten bleibt. Um die große Liebe zu finden, braucht es Gelegenheit. Die Oberstufe einer großen Schule bietet diese Gelegenheiten, in einem Studium an einer großen Universität werden es noch viel mehr, in Ausbildungsbetrieben und Berufsschule schon weniger. Schulen und Uni, später der Arbeitsplatz haben den Vorteil, dass dort bereits eine Vorauswahl auf Ähnlichkeit stattgefunden hat, was intellektuelles Niveau und sozioökonomischen Status angeht. Während für die Mehrzahl der Jugendlichen noch vor siebzig Jahren der Ernst des Lebens bereits mit fünfzehn beim Eintritt in die Lehre begann, lässt sich heute die Mehrzahl zehn Jahre länger Zeit, bis das erste eigene Geld verdient wird. Benjamin durfte also damit rechnen, dass er noch mindestens acht Jahre ständig neue Mädchen kennenlernen konnte, die praktisch alle bis Mitte Zwanzig unverheiratet blieben. Diese acht Jahre sollten reichen, Ms Right (nur mit weich gesummtem s, scharfes s bedeutet „Fräulein") zu finden. Es würde nicht schaden, in dieser Zeit Kochen zu lernen (moderne Mädchen lieben es, von Jungs bekocht zu werden). Tanzschulen waren wieder in Mode. Dort herrschte immer ein Mangel an Jungen, die als Fortgeschrittene deshalb oft keine Gebühren zahlen mussten. Vereinssport und Uni-Sport in Sparten, die von Frauen bevorzugt werden, sind ein ideales Spielfeld für körperliche Annäherung. Solche Aktivitäten locken heraus aus digitaler Isolation. Es gilt nur, seine Kinderhöhle im Haus der Eltern zu verlassen, den PC auszuschalten, das Smartphone wegzulegen, was verdammt schwierig sein kann, weshalb die Verhaltenstherapie auf schriftlich fixierte Hausaufgaben setzt, die von Sitzung zu Sitzung wöchentlich erledigt werden müssen, weil sie kontrolliert werden. So bearbeiteten wir gleichzeitig seine milde Sozialphobie, die ein starker Hemmschuh in Liebesangelegenheiten sein kann. Bei Benjamin war es Sprechangst in der Öffentlichkeit, die jedes Referat vor der Klasse zum Horror werden ließ. Fremde ansprechen, um nach dem Weg zu fragen, ließ sein Herz gewaltig pochen. Gut, dass Google Maps auf dem Smartphone einen erst gar nicht in solch peinliche Kontaktaufnahmesituationen kommen ließ. Seine Telefonphobie war mit Textnachrichten via WhatsApp zu kaschieren. Die meisten seiner Altersgenossen fanden spontane Sprachanrufe mittlerweile ohnehin als rüde. Man sauste lieber mit den Daumen über die winzige virtuelle Tastatur des Handys, versandte Satzfragmente mit Emojis, vielleicht die eine oder andere Sprachnachricht. Dabei hatte Benjamin eine schöne tiefe Stimme, durch deren Einsatz er nur gewinnen konnte. Gleich nach dem Gesicht ist die Stimme das Kriterium für die Einordnung sympathisch oder unsympathisch, für Frauen noch wichtiger als für Männer.

Verhaltenstherapie entfaltete innerhalb von sechs Wochen Wirkung. Der HAMD-Depressions-Score sank auf 12 Punkte. Der Junge war auf dem Weg in die Remission seiner ersten depressiven Episode, die dann allerdings weniger durch Umstrukturierung negativer Denkschemata mittels Verhaltenstherapie ausheilte als durch die Macht des Schicksals. Die Arztfamilie residierte in einem schönen Altbau im Villenviertel der Stadt, nebenan eine etwas ausgeflippte Familie, deren Vater mit einem online-Handel von Dingen, die eigentlich niemand brauchte, gutes Geld verdiente. Die extravagante Mutter von drei Töchtern war Event-Managerin. Eine dieser Töchter lud zur Geburtstagsparty anlässlich ihres 17. Geburtstages Benjamin ein, den sie nur flüchtig vom Sehen kannte, besuchte sie doch die Walldorf-Schule am Ort. Am Tag nach der Party war B. geheilt. Eine halbe Stunde Knutschen nach Mitternacht hatte mehr Effektstärke als 16 Stunden Verhaltenstherapie. Benjamin errötete, als er mir in der nächsten Sitzung ein Foto seiner Freundin auf dem Smartphone zeigen musste: Ein flamboyantes junges Mädchen mit wilder Hochsteckfrisur und Nasenring hatte gewählt – den schüchternen Sonderling von nebenan. Wie lange diese asymmetrische Beziehung halten würde? Als Rezidivprophylaxe bot ich ihm das Ausdünnen unserer Therapiestunden an, zunächst auf eine Sitzung pro Monat, was er nutzte, um mir seine Gefühle für einen Wirbelwind zu offenbaren, der ihn nach wenigen Wochen ins Bett zog. Benjamin war nicht ihr erster Sexualpartner, er nach jahrelangem Konsum von Internetpornographie in allen Variationen ebenfalls nicht naiv. Weder ihre noch seine Eltern hatten irgendwelche Einwände gegen diese intensive Teenagerliebe, die auch ich ihm gönnte, wirkte sie doch als Antidepressivum potenter als alle serotonergen Wiederaufnahmehemmer, die ich hätte rezeptieren können. Aber wehe, Karlotta, so hieß der flotte Feger, würde das Bonbon frischer Verliebtheit erneut lutschen wollen. Ein dramatischer Rückfall ausgelöst durch Trennungsschmerz konnte fatale Konsequenzen haben. Das hatte ich bereits mehrfach in meiner Sprechstunde erleben müssen, weshalb ich Benjamin ausführlich über seine Gefühlswelt berichten ließ, die praktisch Kopf stand, einem euphorischen, milde manischen Zustand glich. Da hatte die Natur in seinem Hirn eine biochemische Kaskade losgetreten mit dem wichtigsten evolutionären Auftrag: Vermehrung! Die Evolution wusste noch nichts von der kleinen weißen Pille, die Karlotta als kluge Frau jeden Morgen schluckte, so das über Jahrhunderttausende immer schmerzhafte biologische Schicksal der Weibchen aushebelte. Die täglichen intensiven sexuellen Aktivitäten der beiden liefen biologisch ins Leere. Es kam zu keiner Schwangerschaft, zu keiner Geburt eines Kindes, dessen Aufzucht, eventuell auch weiteren Nachwuchses, beide für die nächsten Jahrzehnte beschäftigt hätte. Karlotta absolvierte parallel zur Walldorf-Beschulung eine Schneiderlehre, knüpfte Kontakte in die Modebranche, entschied sich für ein Studium „Fashion and Design" in London, sündhaft teuer, aber die Eltern gehörten zu den Reichen im Lande. Karlotta machte Benjamin ein lockeres Angebot, sie auf ihrem Ausflug in die große weite Welt zu begleiten, was ihn ratlos zurückließ. Aufgrund starker phobischer Anteile empfand er einen Horror bei dem Gedanken, seine gewohnte Umgebung verlassen zu müssen. Sein Abiturzeugnis entsprach dem, was man früher „ausreichend" genannt hätte, seine Realitätsprüfung war gut genug, um kein Hochschulstudium anzustreben. Seine Freizeit hatte er am Rechner verbracht, war dabei nicht nur an Computerspielen hängen geblieben, sondern hatte sich mit Software-Entwicklung befasst, liebäugelte mit einer Ausbildung zum Fachinformatiker, was mir in Anbetracht seiner durchschnittlichen Intelligenz realistisch erschien, wenn er sich gehörig anstrengte. Die Trennung von Karlotta fand nicht abrupt statt. Sie pendelte zwischen London und Deutschland. Es gab sogar Direktflüge vom nächstgelegenen Regionalflughafen. Er besuchte sie einige Male, spürte den wachsenden Graben zwischen seiner bodenständigen Existenz inklusive Berufsschule und dem aufgekratzten bunten Völkchen, mit dem sie in der Weltmetropole verkehrte. Als sie mit ihm, meistens schon auf Englisch, über offene Beziehung und Polyamorie sprach, ahnte er, was die Stunde geschlagen hatte, weinte in der nächsten Therapiestunde. Karlotta behielt ihn in ihrer Instagram-Gruppe, er kniete sich in seine Arbeit und wir identifizierten seinen Kummer als Preis für die Abschaffung der christlichen Heiratsregeln, den er bereit war zu zahlen, denn mit Anfang Zwanzig verheiratet und Vater von zwei Kindern zu sein, konnte er sich auch nicht recht vorstellen. Sein Stundenkontingent war aufgebraucht. Ich schenkte ihm zum Abschied aus meiner gut bestückten Patientenbibliothek die anrührende Novelle „Am Strand" von Ian McE.

## 10. Frau im Sozialismus

Jutta besuchte mich als Außendienstmitarbeiterin eines international sehr erfolgreichen Pharmakonzerns seit 1993 regelmäßig in meiner Praxis, stach aus dem Heer der Pharmaberater heraus, indem sie sich von meiner Arzthelferin nicht abwimmeln ließ. Ihr brachte sie immer eine Kuchenplatte oder einen Teller belegte Brötchen mit – je nach Tageszeit ihrer unangekündigten Besuche. Dazu verbreitete sie lautstark gute Laune, Töröööö, hatte bei erheblichem Übergewicht tatsächlich etwas von Benjamin Blümchen mit ihrer plumpen Vertraulichkeit und für mich mindestens viermal im Jahr besondere

Schmankerl im Gepäck, nämlich Einladungen zu opulenten Fortbildungsveranstaltungen mit Anreise Business Class zu fünf Sterne Lokationen, alles bezahlt aus den sprudelnden Gewinnen einer Branche, die mit 25% Umsatzrendite kalkulierte und für ihre Pillen nur noch in den USA höhere Preise als in Deutschland setzen konnte. Solche Pharmasausen waren eine kleine Entschädigung für den oft erschöpfenden Alltag des Kassenarztes, brachten ein wenig Glamour in das tägliche Dunkel aus Persönlichkeitsstörungen, Suchterkrankungen, Depressionen, Schizophrenie oder Demenz, alles furchtbare Hirnerkrankungen, die ich meistens doch nicht heilen konnte. Jutta war 1955 in Magdeburg als Kind eines Pfarrerehepaars zur Welt gekommen, das 1953 aus Hannover in die DDR übergesiedelt war, um am Aufbau des Sozialismus mitzuwirken. Die vom Kommunismus sowjetischer Prägung nicht durchgehend überzeugte kleine Kirchengemeinde blickte skeptisch auf diese Wanderer gegen den Strom, nannte ihren neuen Hirten „den roten Hinrich", der seine Tochter im festen Glauben an die Partei aufzog. Über all diese Details aus Juttas bewegtem Leben erfuhr ich während unserer gemeinsamen Stunden auf den perfekt organisierten Ärzteveranstaltungen ihrer Firma, bei denen sie nicht von meiner Seite wich, wir beim Dinner manche Flasche Wein gemeinsam leerten. Während von 1945 bis 1961 (Bau der Mauer) drei von einundzwanzig Millionen Menschen die sowjetisch besetzte Zone verließen, weil Kommunismus etwas für die Doofen war, zog das Pfarrersehepaar in den real existierenden Sozialismus, wo es prompt als SED-Liebling Privilegien genoss, zu denen auch ein Dienstwagen der Marke Wartburg gehörte. Ob ihr Vater als Informant der Stasi seine Schäfchen bespitzelte, wollte Jutta nach 1989 doch nicht in Erfahrung bringen, denn sie selbst war emsig gewesen, erst bei den Jungen

Pionieren, dann in der Freien Deutschen Jugend, stieg während des Lehramtsstudiums in den Fächern Russisch und Deutsch zur Sekretärin für Agitation und Propaganda auf. Das Studium begann sie früh gleich nach Klasse 12 mit 18 Jahren, verliebte sich im zweiten Semester in einen Kommilitonen, heiratete mit zwanzig und bekam mit einundzwanzig einen Sohn – alles als Studentin und ohne Kummer, denn die DDR hatte sich 1972 zu einer in der Welt einmaligen Aktion zur Verbesserung der Bevölkerungsqualität entschlossen und dies in Verwaltungsvorschriften gegossen, platt gesagt, man wollte auf Intelligenz züchten, weshalb studentischen Ehepaaren mit Kind das Durchschnittseinkommen eines DDR-Werktätigen garantiert wurde, ebenso eine Wohnung mit Bad zu einem symbolischen Mietpreis plus die Verpflichtung der Fakultäten, alle durch Babybetreuung entstehenden Nachteile im Studium auszugleichen plus Arbeitsplatzgarantie für junge Eltern nach Erreichen des akademischen Grades. Jutta kommentierte das mit dem ihr eigenen Ulk: „Wir warfen wie gewünscht, manche wie die Kaninchen und hatten Spaß dabei." Für wenige Jahre waren Kinderwagen auf dem Campus selbstverständlich, kinderlose Akademikerinnen die Ausnahme. Jahre später las ich in einer Monographie des ostdeutschen Sozialwissenschaftlers Volkmar W. über die phänomenalen Effekte dieses eugenischen Experiments in einer DDR, die auch sonst nicht zimperlich war, wenn es um das Ausnutzen biologischer Unterschiede und biochemische Manipulation ging, damit zur erfolgreichsten Sportnation der Erde aufstieg mit sagenhaftem Medaillensegen bei den olympischen Spielen. Warum Jutta kein zweites Kind bekam und sich bereits nach zwei Jahren scheiden ließ, darüber berichtete sie nicht im Detail. Als alleinerziehende Mutter steckte sie ihren kleinen Sohn wie 100 000 andere DDR-Babys in eine Wochenkrippe, gab ihn montags um 6.00 Uhr in die Großgruppenbetreuung ab, um ihn freitags um 17.00 Uhr manchmal auch erst am Samstag für ein kurzes Wochenende abzuholen: „Es hat ihm nicht geschadet. Wir sind heute so (sie faltete ihre Hände zu einem festen Pakt)!"

Ich konnte unmöglich so herzlos sein und ihr von niederländischen Forschern berichten, die sich für den Stresslevel von Kleinkindern in Gruppenfremdbetreuung interessierten. Sie ließen die Kleinen in Kindertagesstätten jede Stunde eine Speichelprobe abgeben, erstellten Tagesprofile des Stresshormons Cortisol im Vergleich zu Kleinkindern, die daheim betreut wurden. Mit jeder Stunde Aufenthalt in der Großgruppenbetreuung stiegen die Cortisolspiegel an, um nach Verlassen der KITA abzufallen. Dabei waren das im europäischen Vergleich ganz ausgezeichnet ausgestattete Einrichtungen. Solche Forschungsergebnisse stießen auf heftige Kritik der Egalitätsfanatiker und Feministinnen, konnten aber von anderen Forschern in anderen Ländern wieder und wieder bestätigt werden. Dennoch hallte der Kampfruf: Wer KITAs schlechtredet, will im Sinne des Patriarchats Müttern ein schlechtes Gewissen einreden, sie wieder auf ihre Mütterrolle beschränken. Dabei wurde den DDR-Kommunisten über die Jahre doch mulmig, sodass sie die Wochenkrippen und Wochenkinderheime 1992 schlossen. Noch härter trieben es die Sozialisten der Kibbuz-Bewegung in Israel, die die Neugeborenen sofort von den Eltern trennten und in Kinderhäusern in Gruppen aufzogen mit maximal drei Stunden Kontakt täglich zu den Eltern. Die Kinder mussten im Kinderhaus auch übernachten. Die Erzieherinnen rotierten alle 12 Monate. Solche Experimente sind ein Crash-Kurs gegen die Biologie, geht es doch letzten Endes um das große Anliegen vieler Sozialisten: den Ersatz der Familie durch den Staat. Jutta mochte ich mit solch kulturkritischen Gedanken nicht irritieren.

Ihre erste Vollzeitstelle trat sie an einer Polytechnischen Oberschule an, unterrichte hier Oberstufenschüler, die 1990 abrupt Russisch als bis dahin verpflichtende erste Fremdsprache abwählten. Dazu kam die Abwanderung in den Westen, rasch schrumpfende Klassen auch durch Geburtenrückgang, was Jutta die Kündigung eintrug, schließlich waren Lehrer in der DDR keine Beamten gewesen. Im Fall von Jutta mochte ihr glühendes Bekenntnis zur SED mit für ihren Rauswurf verantwortlich gewesen sein. Kurzfristig half ihr ein westdeutscher Gebrauchtwagenhändler, der eine Filiale in Magdeburg eröffnete, aus der finanziellen Bredouille, Jutta nach monatelangem Konkubinat gestand, in Bayern schon eine Familie zu haben, von der er sich unmöglich trennen konnte. Sie beendete ihre Existenz als Nebenfrau, nachdem sie einen Kursus für den Einstieg als Pharmareferentin absolviert hatte, danach sofort Anstellung mit Dienstwagen fand. Von nun an sauste sie wie ein Wiesel durch die neuen Bundesländer, war derart erfolgreich, was das Puschen des Verordnungsverhaltens ihrer Ärzte anging, dass die Firmenzentrale in Westdeutschland auf ihr Ausnahmetalent aufmerksam wurde, sie in eine Region in Norddeutschland versetzte, in der sich die Umsatzzahlen der Psychopharmaka weniger erfreulich entwickelten. Jutta sollte das ändern, wurde so zur regelmäßigen Besucherin meiner Praxis. Wie gerne habe ich mich an Freitagen nachmittags von ihr abholen lassen, ab in den Flieger und Stunden später einchecken in ein ausgesuchtes Hotel, Dinner im Sternerestaurant, dabei gut unterhalten werden von einem fröhlichen Plappermaul, das etwas altmodische Blusen trug, die zwei sehr große mütterliche Brüste im tiefen Dekolleté präsentierten. Unsere Zimmer lagen immer im selben Stockwerk, aber auch im alkoholisierten Zustand wollte ich das 6. Gebot achten. Oder war es eine tiefsitzende Abneigung gegen Nacktheit bei Adipositas in ihrer abdominellen Ausprägung, im Volksmund Wampe genannt? Dass andere Kollegen mollig mochten, machte schnell die Runde und tatsächlich zog sie bei einem älteren Nervenarzt ein, hatte in kürzester Zeit die Umsätze in ihrem Gebiet im Bundesvergleich an die Spitze katapultiert. Stolz präsentierte sie mir Fotos ihres Sohnes, der als kluges Kerlchen in der Software-Branche Karriere machte. Für Jutta waren die nächsten fünf Jahre goldene Jahre, deren Ablaufdatum unaufhaltsam näher rückte, worauf ich sie mehrfach aufmerksam machte: „Jutta, euer Patentschutz läuft ab. Danach wird es ganz, ganz schwierig werden. Wir Kassenärzte dürfen das teure Originalpräparat nicht mehr aufschreiben, sobald günstigere Generikaanbieter auftreten." Sie: „Nee, meine Ärzte bleiben bei der Stange. Da kannst du Gift drauf nehmen." An dieser Stelle hatte sie die grausamen Gesetze der kapitalistischen Marktwirtschaft doch noch nicht verstanden, die kumpelhafte Solidarität und Amigo-Tours eben nur so lange durchgehen ließen, wie es sich rechnete. Es kam hinzu, dass Jutta alterte, dabei immer mehr Kummerspeck ansetzte. Nach Ablauf des Patentschutzes brachen die Umsätze um 80% ein, die Marketingabteilung wurde aufgelöst, selbst der Geschäftsführer entlassen, schlussendlich die Zentrale komplett abgewickelt. Jutta fühlte sich gemobbt, akzeptierte eine nicht eben üppige Abfindung, wollte es bei einer anderen Firma versuchen, die allerdings inzwischen alle unter Kostendämpfung im Gesundheitswesen zu leiden hatten. Deutschland war durch grenzenloses Teilen auch infolge der Wiedervereinigung zum kranken Mann Europas geworden. Die wenigen noch freien Stellen im Pharmamarketing wurden mittlerweile fast ausschließlich von arbeitslosen promovierten Biologen, Chemikern und Ökotrophologen besetzt. Jutta war raus, versuchte es mit beachtlichen Stehaufmännchen-Qualitäten als Handelsvertreterin für Spielwaren, heiratete einen zwanzig Jahre älteren pensionierten skurrilen Allgemeinarzt, der sich gerüchteweise als zu pervers in der Sadomaso-Szene entpuppte. Dorfbewohner sollen sie nachts gesehen haben, wie sie schreiend aus dem Haus lief. Ich bin ihr nie wieder begegnet.

## 11. Alles richtig gemacht

Nora war jüngste Tochter eines Arztehepaars, hatte wie ihre Eltern bisher im Leben alles richtig gemacht, mit einem Einser-Abitur in Minimalzeit Psychologie studiert. Jetzt kurz vor Abschluss der Weiterbildung zur Psychotherapeutin saß sie dennoch mit neunundzwanzig Jahren wie ein Häufchen Elend mit ihrem Partner in einem Kriseninterventionsgespräch vor mir. Sie war ungeplant schwanger. Beim Anblick des sich rosa färbenden Positivzeichens auf dem kleinen Teststreifen, den sie in ihren Morgenurin gehalten hatte, war ihr ein eisiger Schreck in die Glieder gefahren, während der werdende Vater glücklich lächelte, sie in den Arm nahm, ihr einen Kuss gab und etwas wie „wir heiraten und ziehen das Baby gemeinsam groß" stammelte, was sie schroff zurückwies: „Für dich ändert sich wenig, für mich alles." Beide stritten um den von Nora gewünschten Schwangerschaftsabbruch, während sie schon aktiv geworden war, sich den pro forma Beratungsschein von Pro Familia geholt hatte, um einen Abbruch aus sozialer Indikation zu vollziehen (in diesem Fall contra Familia), dessen häufigste Begründung nach Bekenntnis einer Kollegin aus der Gynäkologie etwa so lautete: „Ein Kind passt jetzt nicht in meine Lebensplanung". Und das bei über 100 000 Frauen pro Jahr, meist in der vierten Lebensdekade, in fester Partnerschaft und gesicherten materiellen Verhältnissen. Die Kollegin ersparte diesen Frauen den Blick auf den Ultraschallmonitor, der eben oft keinen „Zellklumpen", sondern einen wachsenden kleinen Menschen mit Kopf, Armen, Händen und einem rasch schlagenden Herzen zeigte, der nun „weggemacht" werden sollte. Für mich war das eine der bizarrsten Zynismen der Moderne, der Umgang mit Leben ganz am Anfang und ganz am Ende. Neunzigjährigen, die vom Krebs zerfressen um Sterbehilfe bettelten, beschied man hartherzig, dass es eine solche aus moralischen Gründen nicht geben könne und sie weiterzuleben hätten. Dreimonate alte kleine gesunde Menschlein tötete man dagegen lege artis zu tausenden still und heimlich, weil Frauen alle Rechte über ihren Körper hätten. Das kleine wachsende Menschlein war aber nun einmal nur zu 50% Teil der Mutter. Für die andere Hälfte machte sich Noras schüchterner Partner stark, der nicht nur einige Zentimeter kleiner als seine großgewachsene Frau war, sondern auch zwei Jahre jünger und von unscheinbarer Erscheinung mit beginnender Glatzenbildung und bereits deutlichem Übergewicht. Wie er etwas bitter in der dritten Kriseninterventionssitzung gestand, hatte er das Gefühl, den strengen Maßstäben seiner so erfolgreichen Schwiegereltern nie ganz genügen zu können. Ich fragte mich auch, warum eine derart gutaussehende und erfolgreiche Frau wie Nora einen so unscheinbaren Partner gewählt hatte. Sie hatten sich im Studium in der Landeshauptstadt beim Unisport kennengelernt. Er studierte Mathematik, sie arbeitete an ihrer Doktorarbeit. Konnte es sein, dass sie von seinem Gehirn fasziniert war, dessen Denkkraft Dinge vermochte, die für sie immer ein Buch mit sieben Siegeln blieben? Er erledigte die anspruchsvolle Statistik ihrer Doktorarbeit unter „Material und Methoden" am Rechner, flog nur so durch Excel-Tabellen und Kaplan-Meyer-Kurven – a beautiful mind. Angestachelt durch eine summa cum laude Bewertung ihrer Promotion wollte Nora parallel zur mies bezahlten klinischen Weiterbildung noch weiter hoch hinaus an der Universitätsklinik, hatte ihre Doktormutter sie doch zum Weitermachen mit Arbeit an einer Habilitation ermuntert. Sie ahnte, dass ein Kind diese Karriere abrupt zum Halt bringen würde. Den Eintritt in die Konkurrenzwelt der Männer bezahlt heute mehr als die Hälfte der an Universitäten tätigen Frauen mit Kinderlosigkeit. Weibliche Fruchtbarkeit erreicht ihren Gipfel zwischen dem 19. und 26. Lebensjahr, fällt ab dann stetig ab. Glücklicherweise war Nora klinische Psychologin, hatte also außer einer wissenschaftlichen Karriere noch andere exzellente Optionen. Ich praktizierte in einer Jugenstilvilla unter Denkmalschutz, hatte das Interieur mit teuren Antiquitäten bestückt, trug einen dreiteiligen Maßanzug, Budapester, seidene Krawatte und Einstecktuch, deutete dem auf schmalem Angestelltensalär tätigen Paar in Nebenbemerkungen die Möglichkeiten an, die freiberufliche Tätigkeit Eltern bietet, dass Kinder der Sinn des Lebens seien, Ehen über Jahrzehnte zusammmschmieden konnten. Beim Betreten meiner Praxis musste Nora die Diskrepanz zu ihrem Büro mit dem Charme einer Abstellkammer in einem monströsen Betonbunker auf dem trostlosen Unigelände auffallen. Da hatte einer mit ihrer Profession eine sichtbar kluge Wahl getroffen, riet ihr davon ab, gegen die Biologie zu leben. Ihre Gene sprachen ohnehin für Familie, war sie doch als erstes von drei Geschwistern aufgewachsen mit kinderreichen Familien in beiden elterlichen Linien. Jahre später fand ich in einer finnischen Studie zu lokalen Hirnaktivitäten im Zustand der Verliebtheit die empirische Untermauerung für mein eindringliches Plädoyer pro Baby: Nichts führt im Gehirn zu einer derartigen Aktivierung bestimmter Areale wie die Liebe zum eigenen Kind, stärker noch als Liebe zu einem Sexpartner. Wer sein ganzes Leben stark verliebt verbringen möchte, der gönne sich ein eigenes Kind. So blies sie den bereits angesetzten Termin für eine ambulante Interruptio ab, heiratete stattdessen ihren kleinen dicken Nerd, schickte mir ein Foto ihrer neugeborenen Tochter Mira. Jahre später las ich ihren Namen im Landesärzteblatt. Sie war freiberufliche Leiterin eines medizinischen Versorgungszentrums, berichtete über die Vereinbarkeit von Beruf und Familie mit mittlerweile drei eigenen Kindern. Ihr Mann halte daheim die Stellung, sei als Aktuar einer großen Versicherungsgruppe 50% im Homeoffice tätig und beglücke die Familie mit seinem Hobby Kochen, einer bemerkenswert familienfreundlichen Mode unter Männern des 21. Jahrhunderts.

## 12. Blinde Liebe

In der Jugend schließt man so viel leichter Freundschaft als im höheren Lebensalter. Als Student kann man dieses Privileg der Jugend lange konservieren. Am Ende des Medizinstudiums drohte mir die Arbeitslosigkeit in einer Ärzteschwemme. Es war eben keine gute Sache, mit zu vielen einer Alterskohorte gleichzeitig auf die Welt gekommen zu sein. Um die Wartezeit von vielleicht zwei, drei Jahren auf einen Zeitvertrag in der langen Schlange der Bewerber zu überbrücken, hatte mein zukünftiger Chef Prof. M. eine Idee. Ich sollte mir im angelsächsischen Ausland meine ersten Sporen in der Neurochemie verdienen. Er telefonierte herum. Schnell stellte sich heraus, dass es nirgends auf der Welt eine bezahlte Stelle für mich gab. In den Laboren Kaliforniens und den Spitzenuniversitäten der US-amerikanischen Ostküste herrschte ein knallharter Wettbewerb unter Biologen und Chemikern um die wenigen Stellen in der Grundlagenforschung für viel zu viele Absolventen. In London gab es einen Platz im renommierten Institute of Neurology, aber kein Geld, was M. nicht schreckte: „Irgendein Stipendium wird sich schon auftreiben lassen." Und was für eins!

Eine Stiftung sprang generös mit 700 DM postdoc-Stipendium pro Monat ein, was knapp für die Miete eines Platzes in der International Student Hall gleich neben dem Institut reichte. Dafür gab es ein im Winter fast ungeheiztes 9 qm Zimmer (einen winzigen Infrarotstrahler musste man mit Shilling-Münzen füttern), Gemeinschaftstoilette, zwei warme Mahlzeiten am Tag, britisches Kantinenessen zubereitet von lärmenden ganzkörpertätowierten Ex-Popeye-Spinatmatrosen der Royal Navy. Margaret Thatcher befand sich nach dem mit viel Glück gewonnenen ziemlich überflüssigen Falkland-Krieg auf dem Höhepunkt ihrer Popularität. Sie hatte erfolgreich die Karte des nationalen Furors gespielt.

Anfang der 80er Jahre war London noch die sehr liebenswert-schäbige urbritische Metropole, die umtriebige Individualisten aus aller Welt anzog. Morgens frühstückte ich in der Dining Hall fettige Würstchen, rote Bohnen, gegrillten Bauchspeck und mit Wasser gekochten, gesalzenen Haferbrei zwischen Angelsachsen aus Australien, den USA, Kanada, Indern, Chinesen und Malaien – International Student Hall eben. Da sich gleich und gleich gerne gesellt, richtete ich es so ein, dass Johann, ein deutscher Philosophiestudent, regelmäßig mit am Tisch saß. Er war eines von fünf Geschwistern, deren Mutter einen Schönling geheiratet hatte, dessen Impulsivität und Trunksucht die Familie zur Verzweiflung trieb inklusive gewaltsamer Scheidung. Rettungsanker war der Großvater, der Tochter und Enkel beschützte, in weiser Voraussicht in seinem Testament eine Generation teilweise übersprang, so Johann ein beachtliches Vermögen vermacht hatte mit der Auflage, monatlich ab dem 21. Lebensjahr immer nur einen bestimmten Betrag für Ausbildungszwecke abheben zu dürfen. Mittlerweile studierte er im zwanzigsten Semester auf dieser abschmelzenden Apanage, gefüttert aus den Mieteinkünften mehrerer vom Großvater erbauter Wohnblöcke in Wanne-Eickel. Johann hatte seit zehn Jahren keine Freundin in einem London, das durch den queeren Teil der Bohemians internationaler Studentenschaft stark geprägt war. Hatte er noch nie mit einer Frau geschlafen?

Einer stürzte in der Dining Hall immer mit seinem Tablett in den Händen auf uns zu, sobald er „my dear Krauts" erspäht hatte. Roger war eine laute Tunte, die ihr Schwulsein vor sich hertrug und in die Welt posaunte. Er hatte ein Auge auf uns Deutsche geworfen, nannte mich schon einmal Prof. Sauerbruch oder Dr. Mengele, Johann Prof. Kant oder Nietzsche. Auf einen Master Degree in Kunstgeschichte wollte er einen PhD (philosophical doctorate) satteln, den höchsten akademischen Grad. Ich spürte, Roger hatte sich ein Stück in den „young German doctor" verguckt, zumal ich eine gewisse teutonische Härte in unseren Gesprächen ausstrahlte (die Stecher der gay community trugen gerne SS-Schirmmützen), die komplementär zu seiner Weichheit kontrastierte, was sich schon in unseren ganz unterschiedlichen Körpern widerspiegelte: Ich war gertenschlank knorrig, er mäßig übergewichtig mit dicker wabbeliger Subkutis. Nach beschwingten Gängen durch die Galerien der City of Westminster steuerte unser Trio regelmäßig an der Themse bei sommerlicher Hitze die Southbank an, um bei einem Pint Ale oder Guinness über Kunst und Politik zu plaudern, Panama-Hut auf dem Kopf. In der National Gallery hatten wir andächtig vor Jan van Eycks „Arnolfini Betrothal" gestanden, gerätselt, was Giovanni Arnolfini uns als Zeitreisenden im 15. Jahrhundert wohl mitzuteilen hätte. Eine Verständigung sollte möglich sein, denn Roger hatte im Rahmen seiner Renaissance-Forschung Italienisch gelernt (anders als Deutsch hatte sich Italienisch seit dem Mittelalter nur wenig gewandelt) und wir waren beide Lateinkundige. Ein wohlhabender Kaufmann der Spätgotik, ein agnostischer Arzt und Naturwissenschaftler des 20. Jahrhunderts, ein Magister der Philosophie, als vierter Disputant ein schwuler Kunsthistoriker, der sich für katholische Mystik begeistern konnte – interessant wäre die Gesprächsrunde sicher geworden. Waren romantische Liebe und arrangierte Ehen damals wirklich grausam unvereinbar? Oder waren die knallharten christlichen Heiratsregeln im Mittelalter der Kit der ums Überleben kämpfenden Gesellschaften? Die Kathedralen der Spätgotik, die Ölgemälde der flämischen Meister – war das bereits der Höhepunkt abendländischer Kultur gewesen? In der Architektur sicher, in der Malerei wahrscheinlich, aber nicht in der Musik, wie wir bei unseren Besuchen in der Royal Festival Hall, im Barbican Center oder der Wigmore Hall jede Woche feststellen konnten. Nein, die Komponisten mussten noch dreihundert Jahre weiter Anlauf nehmen, um mit Bach die letzte Stufe europäischer Hochkultur zu zünden.

Roger zuckte lustvoll zusammen, wenn ich schneidende Kommentare gegen den schon damals woken Zeitgeist ablieferte, wie „die schwarzen Südafrikaner werden sich noch wundern, was passiert, wenn sie sich weißer Verwaltung entledigt haben". Dass ich mir für die heißen Sommertage einen großen Panama-Strohhut zugelegt hatte, für den kalten Winter einen Filz-Borsalino, dazu einen auffälligen mindestens zwanzig Jahre alten Tweed Overcoat US-amerikanischer Produktion aus einem Second Hand Shop, gefiel ihm ebenfalls. Aber ganz ohne Kleidung habe ich wohl den allerstärksten Eindruck bei ihm hinterlassen. Die International Hall hatte auf jedem Flur ein Gemeinschaftsbad mit sechs Duschen nebeneinander ohne Trennwände wie eine Duschkaue für Scheidejungen, Knappen, Hauer und Steiger der Zechen im Bergbau. Wir Studenten duschten dort morgens ohne Badehose, Roger schien regelrecht auf mein Erscheinen mit dem Handtuch um den Hüften zu warten.

Während ich in Begleitung eines schwulen Professors den diskreten Charme der Oberschicht in ihren Clubs Pimm`s Bowle schlürfend atmete (in denen auch Jeremy Thorpe verkehrte), führte mich Roger als tänzelnde Tunte in Szenelokale mit ihren Darkrooms, was mir einen ziemlichen Schrecken einjagte ob des offen zur Schau gestellten rohen männlichen Begehrens, das sofortige schmerzhafte Penetrationen einforderte, ganz ohne romantisches Werben, dafür unter Einsatz von viel Chemie, Amylnitrit als Popper sowie zur Relaxierung des analen Schließmuskels, Kokain für den ultimativen Kick beim Chemsex. Da saßen aufgereiht Männer in Lederkostümen an der Bar, musterten jeden Neuankömmling mit vielsagenden Blicken. Es war schon weit nach Mitternacht, als Roger mir in so einem Etablissement nervös auf die Schulter klopfte: „Look, Freddie M. delights us with his presence (schau, Freddie M. entzückt uns mit seiner Gegenwart)!" Und tatsächlich, da huschte doch Freddie in einem hautengen weißen Jumpsuit in Richtung eines der Chambre Separees. Ich hatte im „New England Journal of Medicine" gerade von der Ausbreitung einer neuen Erkrankung in den USA gelesen. AIDS grassierte unter Männern, von denen sich manche selbst als Sexualathleten bezeichneten, raffte sie dahin, allerdings nach langem Siechtum, denn eine Medizin gegen diese Seuche gab es nicht. Die Gay Community war gewarnt, wollte aber nicht hören, musste daher grausam fühlen. Während ich angetrieben vom Reiz des Morbiden mit Roger gerne durch die Nacht zog, hielt Johann Abstand, schüttelte den Kopf und murmelte „Sodom und Gomorra". Er pflegte eine Reihe rein platonischer Beziehungen zu Studentinnen, die in großer Zahl die Seminare der „humanities" (der Ausdruck erfasst das Wesen dieser akademischen Sparte besser als Geistes"wissenschaften") bevölkerten. Mir schien, er hatte ein Faible für Elfen mit schneeweißer Haut, rötlichen Haaren, sehr schlank, hoch gewachsen, sehr klug. Neben ihnen wirkte Johann mit nur 168 Zentimetern, einer viel zu großen Nase und mäßigem Übergewicht fehl am Platze, zumal er immer übertrieben viel Aftershave auflegte, als starker Pfeifenraucher einen strengen Mundgeruch verströmte bei bereits nikotingelben Zähnen, die kreuz und quer in seinen Kiefern standen. Mir schien die Diskrepanz zwischen der Schönheit der von ihm bestaunten Studentinnen und seiner Schrulligkeit unüberbrückbar. Zu einem derart verbeulten Topf passten diese wunderschönen Deckel nicht. Zwanzig Jahre später war er immer noch Junggeselle, antwortete auf Heiratsannoncen in einer renommierten deutschen Wochenzeitschrift, die eine rein akademische Leserschaft bediente. Er war auf unterster Stufe in seiner akademischen Karriere hängengeblieben, immerhin einfacher Dozent der Philosophie an einer kleinen britischen Universität auf einer Dauerstelle. Mit Füllfederhalter schrieb er auf Büttenpapier sehnsüchtige Briefe an eine etwas jüngere Studienrätin, die am Gymnasium einer norddeutschen Kleinstadt Latein und Französisch unterrichtete. Die rege Brieffreundschaft entwickelte sich über ein Jahr, dokumentierte eine nahezu perfekte Übereinstimmung wie beide die Welt sahen. Fotos hätten da nur vom Wesentlichen abgelenkt, Instagram und WhatsApp waren noch nicht erfunden. Es war Zeit für ein erstes Treffen. Johann buchte einen Flug, polierte seine schwarzen Gentleman Schuhe, gab sein Tweed-Sakko mit ledernen Ellenbogenschützern nach Jahren erstmals in die Reinigung und kaufte eine teure in Leinen gebundene Ausgabe der Essays des Michel Montaigne in französischer Sprache als Geschenk für eine Frau, deren Seelenverwandter er geworden war. Die Reise geriet zum Desaster. Als er sie im verabredeten Café sah, erstarrte er, hätte am liebsten auf dem Absatz kehrtgemacht. Da das nicht ging, trank man Kaffee, aß Kuchen und tauschte über zwei Stunden Nettigkeiten aus, bevor man desillusioniert auseinanderging, ohne für den nächsten Tag ein Rendezvous zu verabreden. Was war hier dramatisch schiefgelaufen? Nachdem er mir an seiner Pfeife ziehend die Details berichtet hatte, stellte ich eine Frage: „Wie wäre es mit euch weitergegangen, wenn du blind wärst?" Er nickte, presste die Lippen aufeinander und schwieg.

Wir haben uns aus den Augen verloren. Johann blieb Junggeselle, Lecturer in Philosophie, desillusioniert als Deutscher in einer akademischen angelsächsischen Welt mit viel zu vielen Geisteswissenschaftlern, die niemand brauchte und schon gar nicht bezahlen wollte. Ich wurde Familienvater und umtriebiger Freiberufler, der mit Johann eines gemeinsam hatte: Tief abgespeichert in neuronalen Strukturen das Muster eines Weibchens, mit dem Mann sich gerne paaren würde. Mich hat es bis ins hohe Alter amüsiert, dass immer derselbe Typ Frau meine Blicke beim Gang durch die Fußgängerzone auf sich zog. Meine Großväter und mein Vater hatten eben diesen Typ geheiratet.

## 13. Je oller, je doller

Johanns Mutter Marlies habe ich wenige Male getroffen, fand die Ähnlichkeit mit ihrem Sohn verblüffend. Hier im nordhessischen Bergland hatte sich diese lustige Witwe mit erstaunlicher Vitalität ein beeindruckendes Anwesen zugelegt, ein ehemaliges Forsthaus mitten im Wald Kilometer entfernt von der nächsten Kleinstadt, in die sie täglich mit einem silbergrauen Mercedes fuhr, dort kräftig in ihr Äußeres investierte, was sie zehn Jahre jünger aussehen ließ als die 50 Lenze, die

Johann mir nannte, dazu einige Details aus ihrem bewegten Leben berichtete. Mutter hatte sich mit zwanzig auf einen Filou eingelassen, der sie fünfmal schwängerte, die Familie in den Ruin trieb, bis der Familienrichter dieses Elend durch Scheidung beendete, dieser Tunichtgut wenige Jahre später an den Komplikationen seiner Alkoholkrankheit starb. Sechsundzwanzig Jahre zog sie von nun an ihre fünf Kinder unter tatkräftiger Mithilfe ihrer Eltern groß, dann waren alle aus dem Haus, ihr Vater starb und sie erbte gemeinsam mit ihren Kindern ein beträchtliches Immobilienvermögen, dessen Verwaltung Marlis nicht sonderlich interessierte. Einen Beruf hatte sie nie erlernt, wollte deshalb nicht irgendeine angelernte bezahlte Arbeit aufnehmen, zumal sie das finanziell (noch) nicht nötig hatte. Die Kinder trugen etwas von der Flatterhaftigkeit des Vaters in sich, siedelten im ganzen Land verstreut, verfrühstückten ihr großväterliches Erbe, beschränkten den Kontakt zur Mutter auf seltene Telefonanrufe. Eine gewisse Ödnis im Alltag machte sich breit. Die Aussicht auf weitere dreißig bis vierzig Jahre Einsamkeit grauste Marlis. Was tun? Sie begann auf Kontaktanzeigen zu antworten, setzte selbst hin und wieder eine solche in die Regionalzeitung unter der Rubrik „Sie sucht ihn", wobei vielleicht ihre finanzielle Unabhängigkeit gar Wohlsituiertheit besser nicht so prominent hätte hervorstechen sollen. Zunächst freute Marlis sich über den Berg Post, der nach jeder Annonce ihren Briefkasten füllte. Sie legte kleine Karteikärtchen an mit einem Steckbrief der Bewerber, sortierte diese in ein Kästchen, antwortete nur den vielversprechendsten, wobei das meistens beigefügte Passfoto den Ausschlag gab. Gut sollte er aussehen, volles Haar haben, eine hohe Stirn und ein energisches Kinn. Anders als bei der Auswahl ihrer zahlreichen Mieter, verlangte sie eben keinen Gehaltsnachweis des Arbeitgebers, holte keine Auskunft bei der Schufa ein. So geriet sie mehr als einmal an Charmeure, die ihre Naivität in

Finanzangelegenheiten schamlos ausnutzten. Ein solcher Halodri war auch Manfred, geschiedener 60-jähriger Immobilienentwickler und passionierter Reiter, der sie, das Großstadtkind, überredete, ihr Mietshaus zu verkaufen und mit dem Kapital ein altes Forsthaus mit einigen Hektar Land zu erwerben. Manfred fantasierte den Ausbau der Scheunen zu einem Reiterhof mit Pferdepension, wofür ihm jegliches Eigenkapital fehlte. Als der Sachbearbeiter im Landratsamt über seine vorgetragenen Pläne nur staunen konnte (das Forsthaus befand sich im Naturschutzgebiet) und die Unmöglichkeit einer Baugenehmigung erläuterte, war für Manfred das Maß voll. Ohnehin herrschte auf allen Konten bereits Ebbe, woraus er Konsequenzen zog, über Nacht verschwand – so wie er sich aus den meisten seiner Projekte der letzten Jahre verabschiedet hatte. Johanns Mutter saß nun ohne regelmäßige Mieteinnahmen in der Einsamkeit hessisch Sibiriens fest. Johann strich ihr den teuren Friseurbesuch für Dauerwelle und Tönen einmal im Monat, zahlte aber Steuern und Versicherung des Mercedes, beauftragte einen Makler nach dem anderen mit der Suche nach einem Käufer für ein Forsthaus, in dem Marlies mutterseelenalleine totunglücklich vegetierte. Als sich nach Monaten ein Interessent fand, war sie zermürbt, akzeptierte einen Kaufpreis, der weit unter dem von ihr gezahlten lag. Immerhin reichte es, um eine Eigentumswohnung in ihrer alten Heimatstadt zu erwerben plus einer kleinen Rücklage auf dem Konto. Von ihrer Vorliebe für die Spalten „Er sucht sie/sie sucht ihn" war sie allerdings noch immer nicht kuriert. Inzwischen hatte das Internet Einzug gehalten, Annoncen in Printmedien konnten weltweit kostenlos gelesen werden. Nach einem Jahr hatte sie wieder einmal mutig eine Anzeige mit Chiffre geschaltet, staunte nicht schlecht, als ein Brief via Anzeigenredaktion aus San Diego/USA im Briefkasten lag. Da gab es doch einen älteren Herrn, der in perfektem Deutsch zu berichten wusste, wie

er aus ihrer Heimatstadt vor vierzig Jahren in die Staaten ausgewandert war, aus Anhänglichkeit wieder in die Regionalzeitung der alten Heimat schaute. Wenige Briefe gingen hin und
her, ein Foto zeigte einen attraktiven Herrn, dessen jugendliches Äußeres kaum zu seinem Geburtsdatum passen mochte.
Egal, sie war bereits verliebt in Konrad, einen Witwer, der 62
Jahre alt sein wollte, sein Geld als „builder" in Kalifornien gemacht hatte, sich nach einem späten Liebesglück sehnte. Er lud
sie in sein Haus ein, das ihr jederzeit offen stünde. Marlies ging
schnurstracks ins Reisebüro, buchte einen Flug Frankfurt/San
Diego, packte ihren Koffer, war vier Wochen später voller Erwartungen unterwegs. Konrad sah aus wie sein klappriger
Pick-up, mit dem er sie vom Flughafen abholte. Er hatte mindestens 80 Lenze auf einem Buckel, der bereits arg krumm geworden war. Was sich in den nächsten 24 Stunden im kleinen
Holzbungalow in einer weniger wohlhabenden riesigen Einfamilienhaussiedlung San Diegos abgespielt hat, darüber berichtete Marlis ihrem Sohn nicht im Detail, weil zu peinlich.

Leider versandet die Libido bei älter werdenden Männern
nicht so sanft wie bei Frauen nach dem Klimakterium. Für geschätzt zwei Drittel bleibt auch im Alter über sechzig Sex sehr
wichtig, unter Frauen lässt das Interesse an häufiger Kopulation dagegen dramatisch nach. Im Rahmen des hirnorganischen Abbaus geht bei nicht wenigen alten Männern die Kontrolle über starke sexuelle Impulse verloren. Traurig und
peinlich zugleich sind Greise, die an Bushaltestellen zu Exhibitionisten werden. Solche extremen Formen kann das im Rahmen einer frontotemporalen Demenz annehmen, was regelhaft
zur Unterbringung in der Psychiatrie, später geschlossenen
Pflegestationen führt. Einem meiner Patienten, einem völlig
enthemmten Senior, waren wegen seiner generalisierten Arterienverkalkung bereits beide Beine amputiert worden, was ihn
nicht hinderte, nachts aus seinem Bett zu gleiten und in die

Zimmer von Mitpatientinnen zu robben, die sich laut schreiend seiner rüden Avancen erwehren mussten. Da mechanische nächtliche Fixierung regelmäßiger richterlicher Überprüfung bedurfte, drängte mich das Pflegepersonal nachts medikamentös für Ruhe zu sorgen.

Jedenfalls verließ Marlies noch im kalifornischen Morgengrauen fluchtartig die Bretterbude eines liebestollen Greises, stand mit ihrem Trolley auf der Straße, stolperte in ihren ziemlich hochhackigen Damenschuhen durch die noch schlafende Siedlung. Sie hatte kein Handy, sprach kein Wort Englisch. Mit Tränen in den Augen stammelte sie „Taxi, Taxi" vor einem Zeitungsjungen, der für sie ein Taxi rief, das sie zum Airport brachte. Am Lufthansa-Schalter sprach eine junge Mitarbeiterin in fescher blauer Uniform Deutsch, erklärte Marlis, dass ihr Ticket nicht flexibel sei, ihr Rückflugtermin erst in drei Wochen anstünde. Marlis brach in Tränen aus, wurde von Weinkrämpfen derart geschüttelt, dass das Bodenpersonal sie zunächst in der Wartezone platzierte, einen Becher Wasser reichte. Dann die Erlösung: Es gab Stand-by noch einen Sitz in der Mittagsmaschine allerdings Business class und als One-way-Ticket neu zu buchen für schlappe 10 000 Mark. Marlis flatterte mit den Augenlidern, bat die junge Dame, ihren Sohn in England anzurufen, der mit seiner Kreditkarte aushelfen musste. Zurück in Deutschland war sie endgültig pleite. Mit tränenerstickter Stimme beichtete sie am Telefon, dass man ihr Wasser und Strom abstellen werde. Johann musste kommen, denn seine Geschwister hielten hartherzig Abstand zu einer Mutter, die fünf Kinder großgezogen hatte, die ihr nicht verzeihen mochten, dass sie ihr stattliches Erbe innert weniger Jahre verplempert hatte. Ähnliches hörten Mutter und Sohn Johann vom Sachbearbeiter des Sozialamtes. Marlis hätte sich selbstverschuldet in eine Notlage gebracht und da wäre ja noch die Eigentumswohnung, die sie zunächst verkaufen könnte (Schonvermögen wurde damals noch gering angesetzt). Der knurrige Amtmann erinnerte auch an die Unterhaltspflicht von Kindern gegenüber ihren Eltern in wirtschaftlicher Not. Bedröppelt verließen beide die Behörde. Johann schilderte seinen Geschwistern am Telefon die Lage, forderte von jedem 200 Mark im Monat, um Mutter allerschlimmste Demütigungen zu ersparen. Aber wie sagt der Volksmund: Eine Mutter kann fünf Kinder ernähren, aber fünf Kinder keine Mutter, wobei diese spezielle Mutter von einigen Eskapaden nicht lassen konnte. Weiterhin mussten es monatlich 120 Mark für den Friseur sein, weil sie sich sonst nicht auf die Straße gewagt hätte und natürlich ein Auto. Johann überwies von nun an einen Großteil seines schmalen Dozentensalärs an Mama in der Heimat, was seine Schulden beständig wachsen ließ, der Auftritt des Gerichtsvollziehers war nur noch eine Frage von Wochen, als die Macht des Schicksals alle Probleme im Magenumdrehen löste. Marlies hatte seit Monaten Gewicht verloren, ihrem Hausarzt Magenschmerzen geklagt, der das zunächst auf ihren Kummer zurückführte, erst spät, zu spät eine Überweisung zum Gastroenterologen ausstellte. Die Magenspiegelung demonstrierte ein weit fortgeschrittenes Karzinom, die CT-Untersuchung Metastasierung im gesamten Bauchraum mit Peritonitis carcinomatosa – Exitus nach nur sechs Wochen. Unter ihren Kindern herrschte auf der Beerdigung betretenes Schweigen.

So wie junge Frauen (aber auch einige Männer) auf Dating-Plattformen nur mit äußerster Vorsicht unterwegs sein sollten, so hilflos agieren die älteren Semester. Hochbetagte Männer geraten an junge Osteuropäerinnen, die als Teil von REOK (russisch-eurasische organisierte Kriminalität) operieren: Auf das junge weiße slawische Fleisch folgt der maskierte Einbrechertrupp oder das Rollkommando in schwarzen Lederjacken. Nachdem ältere australische Frauen das Opfer von „love scamming" geworden waren, richtete der australische Geheimdienst eine Taskforce ein, die den E-Mail-Verkehr des Landes auf verdächtige Schlüsselwörter scannte, um ältere Frauen vor einer Reise nach Afrika zu warnen, denn dort wartete nicht das Schäferstündchen in Johannesburg oder Kapstadt, sondern Raubmord. Es ist die Einsamkeit, die ältere Menschen in ihrer Verzweiflung zu äußerst unvorsichtigem Verhalten treibt. Was hilft gegen den als so quälend empfundenen Mangel an menschlicher Nähe, wenn Frau meistens als Witwe übriggeblieben ist? Der tägliche Kontakt mit den Enkeln! Bei Frauen stärker als bei Männern löst der innige Kontakt zu den eigenen kleinen Kindern und Enkeln in denselben Hirnarealen höchste Aktivität aus, die auch bei romantischer Liebe zum anderen Geschlecht aktiv sind. Die zweijährige Enkelin wickeln, füttern und in der Karre durch die Stadt fahren, macht noch glücklicher, als von einem steinalten Mannsbild in den Arm genommen zu werden. Wenn der kleine Lockenkopf „Oma, Oma" brabbelnd auf Großmutter zufliegt, sich ihr buchstäblich an den Hals wirft „Arm, Arm" ruft, dann feuern die Neurone im Striatum maximal, denn Oma ist dabei ihren evolutionären Auftrag zu erfüllen: Das Leben weitergeben. Voraussetzung dafür ist die räumliche Nähe zu Kindern, die Familie haben. Darauf sollte die Lebensplanung weiser älterer Menschen ausgerichtet sein, sich nützlich machen für die nächste Generation, um das Auf- und Anwachsen der übernächsten partizipierend genießen zu können. Für Marlis und ihre Kinder war räumliche Nähe nie wichtig gewesen, es gab ja das Auto.

## 14. Das Getrappel kleiner Füße

Klara lernte ich kennen, als sie mit 69 Jahren ihre letzten Tage, Wochen, maximal Monate im Hospiz verbrachte. Der Palliativmediziner teilte mir auf dem Überweisungsschein mit: Schwergradige Depression, metastasiertes Pankreaskarzinom, chronische Schmerzen. Besuche im Hospiz waren für mich selten, denn die Kollegen dort setzten couragiert hochdosiert Opiate ein, die nicht nur Schmerzen linderten, sondern auch die Psyche drastisch beeinflussten. Bevor es synthetische Antidepressiva gab, wurde in Irrenanstalten des 19. Jahrhunderts bei schlimmen Depressionen entweder die Portweinkur (eine Flasche bereits am Vormittag vom Patienten zu leeren) oder die Opiumkur angesetzt. Was Klaras Depression für die Pflegekräfte so schwer erträglich machte, war ihr stummes Weinen, das auf gutes Zureden nicht aufhörte. Als beamtete Lehrerin im Ruhestand war Klara Privatpatientin, was häufige Besuche für mich jenseits bürokratischer Kassenzwänge einfach machte. Nicht, dass ich dabei an die Stundensätze der Steuerberater oder Rechtsanwälte heranreichte, aber immerhin blieben am Ende etwa 40 € netto übrig. Die Atmosphäre im neu erbauten Hospiz war hell, leise, mit freundlichen Pflegekräften, die ihre Arbeit hingebungsvoll verrichteten. Ich rückte mir im 25 qm Einzelzimmer mit Nasszelle einen Hochlehnersessel nahe an Klaras Pflegebett, erklärte ihr den Zweck meines Besuches mit dem Wunsch aller, dass es ihr in den nächsten Wochen besser gehen könnte. Ihr Anblick war erschütternd, hatte sie doch durch die fortgeschrittene Tumorerkrankung massiv an Gewicht verloren, war abgemagert bis auf das Skelett. Ihre Haut war gelb, die Haare nach Chemotherapie ausgefallen, ununterbrochen kullerten Tränen über die eingefallenen Wangen. Sie konnte sich darauf einlassen, mir aus ihrem Leben zu berichten, das in einem kleinen ostfriesischen Dorf begann, wo sie als drittes von fünf Kindern einer Kleinbauernfamilie aufwuchs. Wie so viele Mädchen, fiel sie der Grundschullehrerin durch Fleiß und Sittsamkeit auf, was ihr eine Gymnasialempfehlung eintrug, von der die einfach strukturierten Eltern keinen Gebrauch zu machen wagten, die Tochter wie alle ihre Kinder nach zehn Jahren von der Mittelschule nahmen, Klara in eine Ausbildung beim Fernmeldeamt der Post steckten. Etwas mehr als das Fräulein vom Amt war aber nicht genug für Klara, die auf einer Abendschule das Abitur nachholte, Lehramt für Grund- und Hauptschule studierte. Sie war mit ihrem Ehrgeiz die erste Akademikerin in einer langen Reihe bitterarmer Vorfahren einer Landbevölkerung, über die man gerne plattdeutsche Witze machte („doof keeken un nix wusst"). Das frühere Lehrerseminar, spätere Pädagogische Hochschule, war gerade zur Universität erhoben worden, an der ein junger Mathematiker ein neues Institut für Informatik gründete. Diesen vollbärtigen zehn Jahre älteren Mann in weiten Cordhosen lernte Klara zufällig auf einer Informationsveranstaltung kennen. Warum innerhalb der wenigen Minuten, die er in der ersten Reihe des Seminarraums neben ihr saß, eine geradezu magnetische Anziehung entstand? Sie war damals sexuell völlig unerfahren, suchte von diesem Tag an ständig seine Nähe, schrieb sich in seine Seminare ein, deren Inhalt für sie ein Buch mit sieben Siegeln blieb, hing an seinen Lippen, bat ihn am Ende einer Lehrveranstaltung errötend um eine Nachhilfestunde, die er ebenfalls errötend grummelnd gewähren wollte. Intime Beziehungen zwischen Dozenten und Studentinnen waren damals häufig, machten einen reizvollen Teil des Campuslebens aus, werden von der Paarforschung als „assortative mating" bezeichnet, was keine schlechte Sache ist, wenn man die evolutionsbiologischen Folgen betrachtet: Kluge Eltern haben kluge Kinder – wenn sie denn Kinder haben, denn über die Hälfte aller im universitären Bereich beschäftigten Frauen bekommt mittlerweile gar keine Kinder mehr. Ein solches Schicksal blieb Klara erspart, denn Mathematiker Bruno mochte keine Kondome und sie vertrug die Pille nicht. Die meiste gemeinsame Zeit verbrachten sie im Bett, denn Bruno hatte keine Freunde, keine anderen Hobbys als Programmieren. Über seine Eltern hielt er sich bedeckt, murmelte etwas wie „die leben ihr eigenes Leben", wiegelte ab, wenn Klara den Wunsch äußerte, diese kennenzulernen. Sein enormes sexuelles Begehren schmeichelte ihr. Prompt war sie zum Ende des Kurzstudiums schon schwanger, arrangierte in alter Tradition eine eilige Hochzeit. Der erste Besuch bei den noch Schwiegereltern in spe geriet denkwürdig. Sie hatten nur diesen einen Sohn Bruno, dem sie an der Haustür zaghaft die Hand schüttelten. Vater war ein einsilbiger Elektroingenieur, der im Keller eine riesige Modelleisenbahn präsentierte, Mutter pflegte ihren kleinen Garten mit der Nagelschere, wurde unruhig, wenn Geschirr und Bestecke auf dem Tisch auch nur Millimeter schief lagen. Als das junge Paar am nächsten Tag abreiste, atmete Klara tief durch. Nach der Hochzeit hat sie ihre Schwiegereltern nie wieder getroffen, war zwei Jahre später bereits Mutter von zwei Söhnen, deren Betreuung sie zunächst am Eintritt in den Schuldienst hinderte, während Bruno, superklug wie er war, rasch zum Professor aufstieg, seine junge Frau durch ruppig-egoistisches Verhalten immer öfter irritierte. Warum die Schwiegereltern keinerlei Interesse an ihren beiden Enkelkindern zeigten, blieb ihr ein Rätsel.

Klaras Schilderungen ihrer ersten und einzigen romantischen Liebe ließen mich schmunzeln, denn Ähnliches hatte ich als Student erlebt. Universitäten sind die besten analogen Dating-Plattformen, wo von der Natur mit einem eher unterdurchschnittlichen Äußeren und wenig Charme ausgestattete Studenten zu Don Juans werden können, wenn sie als wissenschaftliche Hilfskräfte jüngeren Studentinnen als erfahrene

Ausbilder in Seminaren, Labors oder Praktika begegnen. Genauso war es mir als Assistent der Anatomie ergangen. Ich verdiente mir ein hübsches Zubrot, lernte jedes Semester an der Leiche fünf bis acht Studentinnen aus den vorklinischen Semestern kennen, von denen mich immer mindestens zwei oder drei aus der Gruppe interessiert befragten, nur zu gerne mit mir aus dem Präpariersaal zum Tête-à-Tête in eine der vielen Studentenkneipen bummelten. Würde ich mich heute in Zeiten von me-too noch in solche erotischen Abenteuer stürzen? Damals gab es noch keinen puritanischen Verhaltenscodex für Universitätsbedienstete und die Folgen einer solchen in einem gewissen Abhängigkeitsverhältnis entstandenen Beziehung können sich heute sehen lassen: Drei kluge Kinder, alle Ärzte, promoviert, bisher sechs Enkel, das alles mit einer meiner ehemaligen Studentinnen, die mit mir in naher Zukunft goldene Hochzeit feiern wird.

Für Klara reichte das Eheglück nicht einmal bis zur silbernen Hochzeit. Sobald ihre Jungs das Kindergartenalter erreicht hatten, stieg sie vollschichtig als Lehrerin ein, wurde verbeamtet und konnte alle ihre Verpflichtungen gerade eben unter einen zu engen Hut bringen, war oft überfordert, fühlte sich von Bruno ziemlich allein gelassen, weil der in seiner Welt der Algorithmen schwebte, lieber bis in die Nacht im Arbeitszimmer auf den Bildschirm starrte, als in der Küche zu helfen oder mit den Kindern beim Kochen das kleine Einmaleins zu bimsen. So wuchs langsam ein Ärger in ihr, der erotische Begegnungen mit Bruno unmöglich machte, zumal sie einen Widerwillen gegen seine Präferenzen entwickelte, über die Klara nicht explizit sprechen mochte. Als Bruno weitere verwegene Praktiken einforderte, kam es zum lauten Eklat. Sie nannte ihn einen Perversen, er schlug zu, worauf sie die Scheidung einreichte, er auszog und sich als Rabenvater entpuppte. Die Söhne hatten den nerdigen Charakter des Vaters geerbt, gingen beruflich

verschlungene Wege, die Mutter von ihrem schmalen A12-Sold
mitfinanzieren musste. Beide blieben ohne Partner und kinderlos. Klara: „Ich wäre so gerne noch Großmutter geworden mit
einer Parade Kinderschuhe vor der Haustür und dem Getrappel kleiner Füße auf dem Parkett." Alles, was sie sich ersehnt
hatte, war mir zuteilgeworden. Sie profitierte von einer 50 Minuten Sitzung jeden zweiten Tag allein durch mein anteilneh-
mendes Zuhören, gab mir die Telefonnummern ihrer Söhne,
die sie zuletzt vor einem Jahr besucht hatten, ebenso entband
sie mich von der Schweigepflicht. Den Söhnen schilderte ich
den Ernst der Lage. Es blieben ihnen nur noch wenige Tage, an
denen sie ihrer Mutter etwas Gutes tun konnten, was beide am
Telefon mit langem Schweigen quittierten, schlussendlich aber
doch anreisten, um einige Stunden am Sterbebett zu verbringen, wo ich sie kurz kennenlernte, zwei hölzerne einsilbige
Männer mit Bärten, kaum schwingungsfähig, steif und ratlos.
Vermutlich standen mir Abziehbilder des Vaters gegenüber.

## 15. Kann denn Liebe Sünde sein?

Harald war ein 42-jähriger katholischer Gemeindepfarrer, den schiere Verzweiflung in meine Sprechstunde trieb. Er nahm eine Stunde Autobahnfahrt auf sich, hatte für diese Ausflüge Kollar und Kollarhemd abgelegt, bewegte sich im Tarnmodus, war er doch einem Hauptlaster erlegen, das unter den Schäfchen seiner Gemeinde besser als Todsünde bekannt war, deren Aufdeckung ihn die Existenz kosten konnte. Davon erfuhr ich erst in der vierten Therapiesitzung.

Im Münsterland geboren und aufgewachsen hatte er als drittes Kind von Landwirten eine traumhaft freie Kindheit in einem kleinen Dorf erlebt mit so vielen Spielkameraden, allen möglichen Haustieren und einer Mutter, die in tiefem Gottvertrauen ihre Kinder einfach stromern ließ, auch wenn es dabei hin und wieder zu lebensgefährlichen Abenteuern kam. Harald erinnerte den Sturz in eine Güllegrube, einen Einbruch auf dünnem Eis in einen Angelsee, der ihn um ein Haar das Leben gekostet hätte. Für Schularbeiten blieb wenig Zeit, entsprechend mäßig waren seine Leistungen in den ersten drei Grundschuljahren. Das änderte sich, als der Gemeindepfarrer ihn unter seine Fittiche nahm. Dieser bereits ergraute Priester fand Gefallen an seinem hübschen kleinen Ministranten mit blondem Haar und feinen Gesichtszügen. Harald war gleich nach der Erstkommunion Messdiener geworden, freute sich im Gegensatz zu seinen Kameraden auf den Gang in die Jahrhunderte alte Backsteinkirche, die die Verwüstungen des Dreißigjährigen Krieges überstanden hatte, sonntags noch immer gut besucht wurde. Die Geheimnisse der Sakristei brannten sich mit dem Geruch von Weihrauch und Myrrhe tief in das Gedächtnis des Neunjährigen ein. In der Karwoche nahm ihn der

Priester mit zur Aufführung der Bach'schen Matthäus-Passion im Dom der Diözese, was dem Kind einen Stempel für sein weiteres Leben aufdrückte. Er wollte Gott gefallen. Nach dem Schulunterricht durfte er Schularbeitenbetreuung beim Priester in Anspruch nehmen. Vorher servierte dessen dralle Wirtschafterin ein dreigängiges Mittagsmenü, Vorsuppe, Tellergericht, danach Kompott, alles viel schmackhafter als Mutters Eintöpfe. Im alten Pfarrhaus war es auch im Hochsommer angenehm kühl, nach getaner Arbeit gab es immer eine kleine Belohnung, z.B. eine Tüte kandierte Nüsse. Wenige Wochen dieser Tutorien führten zu einer phänomenalen Verbesserung seiner Leistungen, was die Klassenlehrerin staunen ließ. Er durfte den Priester jetzt Ulf nennen. Als Harald sein Halbjahreszeugnis stolz präsentierte, lächelte Ulf, strich ihm mit weicher Hand übers Haar: „Ich freue mich für dich. Du bist ein besonderer Junge." Ulf redete mit der Klassenlehrerin, die für Harald am Ende der vierten Klasse eine Gymnasialempfehlung aussprach, was lange Busfahrten in die Kreisstadt mit sich brachte, auf denen er nur einen Begleiter aus seinem Dorf hatte, Christian, den gleichaltrigen Sohn des Landmaschinenhändlers. Sie taten sich beide schwer auf dem Gymnasium für Schüler des Landkreises. Ohne tägliche Nachhilfe beim Priester wäre es wohl nicht gutgegangen. Mit Christian teilte er das nützliche Hobby Angeln. Auf ihren Fahrrädern waren sie schnell an einem der kleinen Seen oder am Fluss, wo es in den Büschen schattige Plätze gab. Bei Regenwetter schützte sie ein muschelartiges kleines Zelt, in dem sie herausfanden, dass das Steifwerden des Gliedes viel prickelnder war, wenn nicht die eigene, sondern die Hand des anderen es massierte. Sie waren gerade zwölf, noch ohne Flaum auf der Oberlippe. Die anstehende Wahl der zweiten Fremdsprache traf Ulf für sie: Nur Latein! Dann wuchsen

Glied und Hoden, drumherum eine krause Wolle, blond bei Harald, tiefschwarz bei Christian, der nun nicht mehr zu Fummeleien aufgelegt war, jedenfalls nicht mit Harald. Er machte Witze über die Oberweite der Mitschülerinnen, die er beim Sport begutachtete („Linsen auf Brett genagelt, ha, ha, ha“). Christians Begeisterung für die vom Onkel gemopsten Pornoheftchen fand Harald lustig, die darin aufgenommenen Geschlechtsteile schamloser Frauen erregten ihn nicht. Sie blieben dennoch Freunde, büffelten gemeinsam bei Ulf lateinische Grammatik mit dem großen Latinum als Ziel, was Christian später als verschwendete Zeit an einer toten Sprache bezeichnete, Harald dagegen überaus nützlich wurde, denn als es auf das Abitur zuging, wusste er nicht, was er einmal werden sollte. Seinen Eltern war es egal, der älteste Bruder würde den Hof übernehmen. In dieser Zeit, so um seinen achtzehnten Geburtstag herum, kam es einmal zu Sekunden der besonderen Zärtlichkeit zwischen Harald und Ulf, der seine Deutschaufsätze korrigierte, englische Vokabeln abfragte, ihm jede Woche das eine oder andere Buch in die Hand drückte: „Lesen!“ Dieses intensivste Coaching verhalf ihm zum Abitur – gerade ebenso, was sämtliche Studiengänge mit Numerus clausus ausschloss. Ulf war dennoch entschieden gegen eine Lehre: „Du bist ein besonderer Mensch, musst die nächsten Jahre raus, in einem Studium mit den Klugen zusammenkommen.“ Nur was sollte er studieren? Zu bieten hatte er seinen schönen schlanken Körper, eine helle Chorstimme und eine tiefe Sehnsucht nach Freundschaft. Da nahm ihn Ulf in den Arm, drückte seine Wange neben das Ohr des jungen Mannes und flüsterte: „Mach es wie ich. Bleib gottesfürchtig, studiere Theologie!“ Mit seinen Händen auf Haralds Schultern hielt er ihn zunächst auf Abstand, sah ihm fest in die Augen, spitzte die Lippen, drückte ihm einen kurzen, trockenen Kuss auf die Lippen. Danach räusperte er sich, drehte den Kopf zur Seite: „Verzeih bitte, ich werde sentimental." Für Harald gab es nichts zu verzeihen. Er folgte Ulfs Rat, bewarb sich für Theologiestudium und Priesteramt. Alles entwickelte sich so, wie von Ulf vorhergesagt. An der katholischen Fakultät rollte man für die wenigen Studenten den roten Teppich aus. Er musste sich um nichts kümmern, erhielt ein schönes großes Zimmer im Wohnheim eines Stiftes, profitierte maximal vom großen Latinum, das ihm die anstrengenden zwei ersten Sprachsemester leicht machte. Unter den Kommilitonen waren die meisten wie Ulf gestrickt, das spürte er. Diese Zeit der Zärtlichkeit unter den jungen Männern wurde allerdings von zwei dunklen Wolken überschattet. Zum einen klang in Wort und Text immer einmal wieder an, dass die Vorlieben mindestens der Hälfte seiner Kommilitonen im Kern sündig waren. Zum anderen gab es alte Dozenten, vor denen Ulf ihn gewarnt hatte. Er war es auch, der ihm später abriet, das Angebot der Teilnahme an einem Priesterseminar in Rom anzunehmen, „Sündenpfuhl" nannte er das. Rom – Harald konnte nicht widerstehen. Tatsächlich war der Frühling in der ewigen Stadt ein Traum – so viel heller als in der norddeutschen Provinz. Hier liefen so viele junge Männer in Amtstracht und langem Gehrock herum, dass sich niemand nach ihnen umdrehte, nicht einmal, wenn sie in einer Traube unterwegs waren, was in den Abendstunden oft der Fall war, meistens vor einer Trattoria endete mit beschwingten Diskussionen bei Nudelgerichten und Landwein. Schönheit war hier wichtig einschließlich eines heiligen Schauers während der Messen im Petersdom. Ulf hatte darauf bestanden, einmal in der Woche mit ihm zu telefonieren, kommentierte mit einem leisen Brummen die enthusiastischen Schilderungen seines Zöglings. Als er berichtete, dass ein Ehrenprälat seiner Heiligkeit auf ihn aufmerksam geworden sei, hakte Ulf nach, reagierte scharf auf die erfolgte Einladung in dessen Privatgemächer: „Geh da auf keinen Fall hin!" Für diesen kirchlichen Würdenträger in seinen Fünfzigern hatte die Kurie eine ganze Etage in einem Barockpalast der Innenstadt angemietet, erste Adresse im Centro storico. Harald konnte diese Einladung nicht ausschlagen, die ihm wie ein paradiesischer Apfel gereicht worden war mit dem vagen Versprechen einer Offenbarung, das der alternde Monsignore Enrico einlöste, denn er wusste den makellosen Körper eines sehr jungen Mannes angemessen zu würdigen, ging langsam vor, erzwang keine schmerzhaften Penetrationen, sondern führte Liebesspiele ein, wie sie sich auch Giovanni Boccaccio nicht elaborierter hätte ausdenken können, wobei die Stadt zwar nicht wie im Mittelalter vom Bakterium Yersinia pestis (Pesterreger) bedroht war, wohl aber ein neuzeitliches Virus ebenso tödlich lauerte. Harald verehrte Enrico, diesen überaus gebildeten Jesuiten, der ihm abends auf dem Stutzflügel im großen Speisezimmer Chopin vorspielte. Er sprach nicht nur Italienisch, Latein, Spanisch und Englisch, sondern auch fast akzentfrei Deutsch, hatte er doch einige Jahre in Deutschland Kirchengeschichte studiert, über die Rolle der Klöster im Heiligen Römischen Reich am Ende des Mittelalters im Übergang zur Renaissance promoviert. Er las ihm aus Lukretz „De rerum natura" vor, dessen Inhalt um die Philosophie des Epicur kreiste, mit religionskritischen Gedanken, die einen im 15. Jahrhundert schnell auf den Scheiterhaufen enden lassen konnten. Harald und Enrico wurden für fast ein Jahr ein Herz und eine Seele, bis der Monsignore ihn mit seiner Vorliebe für Trios und Quartette verstörte. Als Amateurpianist traf Enrico sich jede Woche mit zwei, manchmal drei Ordensbrüdern zum

gemeinsamen Musizieren, vorzugsweise spielten sie Barock-
musik von Vivaldi bis Bach, aber auch Quartette der Romantik.
Harald lauschte in der Küche, wo er ein frugales Abendmahl
für diesen kleinen Bund älterer Männer vorbereitete. Wenn er
Antipasti, mit Olivenöl gebackenes Weißbrot und Parmesan
servierte, entspannte sich ein freundlicher Dialog in italieni-
scher Sprache, die Harald inzwischen gut verstehen konnte.
Eine Flasche Wein aus der Toskana nach der anderen wurde
gelehrt, bevor die Brüder schwankend die Villa verließen. Im
Bett schwärmte Enrico von seinen Brüdern, stupste Harald ne-
ckisch in die Seite: „Du musst sie auch noch näher kennenlernen!" In der nächsten Woche blieb der Bruder mit dem Cello
nach Hauskonzert und Abendmahl. Enrico zog Harald in sein
großes Doppelbett, sie küssten sich zärtlich, als es neben ihnen
raschelte, sich der Bruder ohne sein Cello splitternackt unter
die Bettdecke schob. Enrico genoss es offensichtlich zuzu-
schauen, wenn sein junger Geliebter von einem alten Freund
besprungen wurde, der ständig „il nostro angelo tedesco" (unser deutscher Engel) murmelte. Nach wenigen Tagen lag das
ganze Quartett mit Harald auf der riesigen Latexmatratze, pe-
netrierte ihn in Serie derart hart, dass er sich eine schmerzhafte
Analfissur zuzog, wovon er Ulf am Telefon schluchzend berichtete. Der schnaubte heftig: „Diese geilen Schweine!" Harald
brach seine Studien römischer Schwulitäten abrupt ab, verließ
die unheilige Stadt fluchtartig, um Gemeindepriester in der alten Heimat zu werden, wo er als junger Wirbelwind die dörfli-
che Gemeinde befruchtete, sich besonders in der Jugendarbeit
engagierte, ähnlich wie Ulf begann, hoffnungsvolle Talente unter den Ministranten zu fördern, einen Chor mit Sängerknaben
um sich scharte. Noch in Rom hatte Enrico ihn in der Villa Te-
vere dem Opus Dei zugeführt, dessen Mitglied er bis heute

war, nach den traumatischen Erfahrungen mit Enricos Decamerone-Quartett das geforderte streng zölibatäre Leben als seinen Weg akzeptiert hatte. Dabei halfen ihm die Bußübungen des Ordens sehr. Täglich legte er sich das Cilicium (mit Dornenkrallen besetzter Bußgürtel) für zwei Stunden an, erduldete wöchentlich vor dem Spiegel betend zur Bekämpfung der Flescheslust die Kasteiung mit der fünfschwänzigen Handgeißel. Das half, sein Begehren nach den Knaben im Chor platonisch zu halten, selbst wenn es auf den Jugendfreizeiten abends sehr locker zuging. Während einer Sommerfreizeit in einem katholischen Jugendheim auf einer Nordseeinsel schlug dann der Blitz in Gestalt des vierzehnjährigen Wolodymyr ein. Harald mit zitternder Stimme: „Da saß ich in meinem Strandkorb, sah Wolodymyr in Badehose mit den Jungs beim Beach-Volleyball zu und geriet wie Thomas Mann am Lido de Venezia in Verzweiflung. Sein Tadzio war mein Wolodymyr – nur dass Wolodymyr mit mir sprach und mir von seinem Leben als Kind einer russischen Artistenfamilie erzählte, die erst vor kurzem als Spätaussiedler nach Deutschland gekommen war. Er sprach recht gut Deutsch mit starkem russischem Akzent, wollte Tänzer oder Artist werden, hatte sich nach Jahren harter Ballettschule in Russland schon bei Tanzcompanien beworben, parallel auch als Seiteneinsteiger bei der Artistenschule in Berlin, für die er tatsächlich eine Zusage erhielt. Jahre sah ich ihn nicht mehr. Er hatte mich in seine Facebook-Gruppe aufgenommen. So nahm ich still Anteil an seinem Leben, seinen Erfolgen, harrte eisern aus, bis er seinen 18. Geburtstag feierte. Mein Wunsch, ihn in Berlin zu besuchen, stieß auf Gegenliebe. Wir organisierten es so, dass er an jenem Wochenende einen kleinen Show-Auftritt in einer Varieté-Veranstaltung hatte. Seine körperliche Präsenz war phänomenal, sein Körper maximal durchtrainiert, dazu die exotisch-slawischen Gesichtszüge unter einem Undercut Blondschopf. Ich war bis über beide Ohren verliebt, gestand ihm das ziemlich unverblümt in der Bar meines Hotels, was ihn etwas spöttisch grinsen ließ. Er bewegte seinen Mund auf mein Ohr zu und flüsterte: „Ich bin bi." Wir hatten nur eine Nacht. Nach dem Check-out am nächsten Morgen spazierten wir auf dem Schiffbauerdamm entlang des Spreeufers, wo wir uns kurz vor dem Berliner Ensemble in ein Frühstückscafe setzten. Ich lud ihn ein, denn seine Existenz als Tänzer und Artist war prekär. Engagements kamen, wie sie kamen oder auch nicht. Nächste Woche wäre die Miete fällig, sein Konto leer und der Weg aufs Amt stand an. Die 470 Euro für das Hinterhofzimmer wollte ich ihm wohl vorstrecken. Wir gingen zum nächsten Geldautomaten, danach kurzer Abschied am Hauptbahnhof. Der ICE trug mich wie auf Wolken zurück ins Münsterland. Die nächsten Wochen turtelten wir digital, was frostig wurde, als ich ihm erklären musste, dass ich regelmäßig kein Geld überweisen konnte - mein Gehalt ging an Opus Dei. Dass er sich abrupt nicht mehr meldete und aus seiner Facebook-Gruppe warf, hat mich verstört, in Panik versetzt, als er mir Wochen später schrieb: „Und was sagt dein Opus Dei, wenn ich denen erzähle, dass du Sex mit Jungs hast? Vielleicht gleich mit einem Selfie von uns beiden in deinem Hotelzimmer?" Das ist der Stand. Seit vier Wochen ist Funkstille. Er kann mich jederzeit ruinieren. Je nachdem, was er sich ausdenkt, könnte er sogar als Missbrauchsopfer eine stattliche Entschädigungszahlung einheimsen." Nach dieser Beichte atmete ich schwer durch, blickte über den Rand meiner Brille mit traurig-ernsten Therapeutenaugen, stellte fest, dass zwischen Androhungen und Taten immer noch eine Distanz läge. Es war gut, dass der Artist seinen Erpressungsversuch schriftlich angekündigt hatte. Harald sollte diese Mails unbedingt archivieren und ausdrucken. Für sein Problem tief verwurzelter Homosexualität mit ephebophilen Neigungen gab es keine psychotherapeutische Kur. Es existierten erste Hinweise auf eine genetische Wurzel. Ich neigte der Hypothese zu, dass es in der embryonalen Entwicklung durch eine Imbalance mütterlicher Hormone zu einer fehlerhaften Aussprossung von kindlichen Neuronen kommen kann, was dann zu einer „Fehlverdrahtung" im Hirn führt. Bereits Edward O. Wilson, Begründer der modernen Sozialbiologie, entwickelte Hypothesen, warum die Evolution dieses Phänomen trotz des damit verbundenen dramatischen Reproduktionsnachteils (Homosexuelle bekommen viel weniger Kinder als Heterosexuelle) über die Jahrtausende nicht ausgelesen hat. Wir sprachen über die begrenzte Hilfe, die Verhaltenstherapie bieten konnte. Es lief alles auf Verhaltensabstinenz hinaus. Die harten Opus Dei Prozeduren waren da schon einmal nicht schlecht. In verzweifelter Situation wäre eine pharmakologische Beeinflussung der Libido möglich. Cyproteronacetat wirkt – aber um welchen Preis. Nein, Hodenschrumpfung, Lebertoxizität und Gewichtszunahme waren für Harald inakzeptable häufige Nebenwirkungen – er wollte nicht chemisch kastriert zum fetten Kapaun (kastrierter Hahn) mutieren. Warum er weitere Therapiestunden telefonisch bei meiner Arzthelferin stornierte, habe ich nie erfahren. Vielleicht hatte es finanzielle Gründe, denn viele Patienten mit delikaten Diagnosen reichten ihre Rechnungen zur Erstattung bei privaten Krankenversicherungen oder Beihilfestelle (Beamtenanwärtern riet ich regelmäßig bei jeglicher F-Diagnose davon ab, wollten sie nicht die Übernahme ins Beamtenverhältnis auf Lebenszeit gefährden) nicht ein und Harald war durch Opus dei finanziell knappgehalten. Über einen weiteren

Missbrauchsskandal in der für ihn zuständigen Diözese haben ich in den Medien später nichts gelesen.

## 16. Wenn es los geht mit der Pubertät

Florian war ein zugegeben nicht gerade attraktiver 33-jähriger SOFA (Sozialversicherungsfachangestellter), der bereits der Wurzel seiner Depressivität auf die Spur gekommen war, litt er doch schrecklich an seinem Unvermögen, eine Partnerin zu finden. Klein von Statur, adipös mit Doppelkinn, beginnendem androgenetischem Haarausfall (wachsende Geheimratsecken der Männer), etwas linkisch in seinen Bewegungen, wahrlich kein Hingucker, hatte er während mehr als zehn Jahren in der von Frauen dominierten Verwaltung der Rentenversicherung keine Freundschaft mit einer Kollegin schließen können. Bereits in der zweiten Therapiestunde beim Erheben der biographischen Anamnese (Krankengeschichte mit Lebenslauf) fragte er, ob sein Selbstbefriedigungsverhalten noch normal sei. Er verbrachte täglich mehrere Stunden mit dem Konsum frei verfügbarer Internetpornographie. Wie hatte das angefangen? In der Grundschule ein mäßiger Schüler, blieb die wahre Horrorstunde der Gang in die Turnhalle mit ihren Folterinstrumenten Barren und Reck. Seine klägliche Figur bei allen Ballspielen war einem angeborenen Defekt des räumlichen Sehens geschuldet, was der Kinderarzt bei den U-Untersuchungen übersehen hatte. Als es Florian mit zehn Jahren selbst auffiel („Mutti, wenn ich ein Auge zumache, sind die Autos nur noch Klumpen") war es zu spät für Kontaktlinsen. Fehlendes räumliches Sehen durch Amblyopie bei minus 12 Dioptrien auf einem Auge blieb sein Schicksal. Kein Wunder, dass er an allen Bällen vorbeigriff oder trat, niemand ihn in seine Mannschaft wählen wollte. So saß er immer als letzter auf der Bank, wenn die Teams sich sortierten: „Nehmt ihr ihn!" „Nur, wenn wir den sofort auf die Reservebank setzen dürfen!" Sport bedeutete Demütigung. Allerdings hatte er in der schweißgetränkten Luft der den Geist Turnvater Jahns atmenden Halle bereits im Alter von 11 Jahren ein Erlebnis der besonderen Art, von dem er zeitlebens nicht mehr genug bekommen konnte, was ihn zu einem Sexualathleten wachsen ließ. Die Übung hieß Seilklettern. Von der Decke hingen sechs armdicke Taue herab mit einem handballgroßen Knoten am Ende. Auf „Los!" hieß es das Tau anspringen, sich mit den Füßen vom Knoten hochdrücken, dann um die Wette bis zur Decke klettern, wobei sein schwitzender, adipöser Körper es meistens nicht bis ganz nach oben schaffte. Dabei rieb das Seil kräftig zwischen den Oberschenkeln, der Sportlehrer feuerte sie an, möglichst oft hoch und runter zu hangeln. Plötzlich kurz vor der Decke wurde er von rhythmischen Zuckungen im Unterleib überrascht, geriet von nun an vor dieser Turnübung regelmäßig in freudige Erregung, auch wenn ihn die Konvulsionen jedes Mal für Sekunden wie paralysiert am Seil hängen ließen. Schnell fand er heraus, dass scheuernde Bewegungen auf einem Sofa oder im Bett zu ähnlich wollüstiger Erregung führten, was sich noch steigern ließ, wenn er dabei die Damenunterwäschereklame in den Beilagen von Mutters Zeitung betrachtete. Er war auf eine sprudelnde Quelle der Erregung gestoßen, sprach darüber mit niemandem, übte dafür täglich derart intensiv, dass in seinem Hirn der Nucleus sexualis zu enormer Größe anwuchs. Solange Florian später bei Heftchen mit Soft-Pornos blieb, verbrachte er weniger als eine halbe Stunde am Tag beim Sex mit sich selbst. Für den Gang in den einzigen Erotik-Shop in seiner kleinen Heimatstadt zum Kauf von VHS-Videokassetten oder später DVDs war er zu scheu, litt als Komorbidität (Begleiterkrankung) unter einer milden Sozialphobie. Alles änderte sich, als 2006 im Internet eine erste amerikanische Plattform kurze Sexvideos kostenlos zur Ansicht bot. Der Zugriff auf diese meistens nur wenige Minuten kurzen Filmchen war anonym möglich. In den Jahren danach nahm die Zahl der Anbieter explosionsartig zu, weil auch Amateure sich beim Vögeln digital verewigen konnten, dies hunderttausendfach taten und Florian in einen Sog geraten ließen, der ihn jeden Abend stundenlang in den Strudel sexueller Erregung zog. Diskotheken- oder Rockkonzertbesuche an Wochenenden mit seinen wenigen Freunden fielen von nun an flach. Im Verlauf seiner Therapie haben wir später gemeinsam einige der Videoclips angesehen, die er immer und immer wieder aufrufen musste, meistens „close-up"-Einstellungen ejakulierender Genitalien in höchster HD-Qualität – Gesichter waren ihm nicht mehr wichtig, ganz im Gegensatz zu weiblichen Konsumenten von Pornographie, die allerdings wenige sind. Männer konsumieren x-mal mehr als Frauen – so viel zur Gleichheit der Geschlechter, was sexuellen Appetit anbelangt. Während die wenigen Frauen, die Gefallen an weicher Pornographie finden, dabei ein wachsendes Interesse am Sex mit realen Männern spüren, ist es bei Männern umgekehrt: Der süchtige Pornokonsum distanziert sie vom Sex mit realen Frauen. So lief es auch bei Florian, der mit 33 Jahren nur einmal betrunken mit einer osteuropäischen Prostituierten in ihrem Love-Mobil an der Bundesstraße kopuliert hatte, für ihn ein demütigendes Erlebnis, das sich ob der ordinären Brutalität dieser gealterten Prostituierten tief in sein Gedächtnis eingebrannt hatte. Im Gegensatz dazu waren die jungen Mädchen online wunderschön, erfüllten demütig alle noch so extremen Wünsche. Wie befreit man einen solchen jungen Mann von seiner

Sucht? Geschätzt 400 000 sind davon allein in Deutschland befallen, so gut wie alles Männer – wieder so eine Zahl, die Zweifel an Geschlechterdifferenzen als soziales Konstrukt aufkommen lässt. Evidenzbasierte wirksame Therapieempfehlungen existieren nicht, schon gar keine Pille, die man dagegen schlucken könnte. Also blieb nur kognitive Verhaltenstherapie, der Florian sehr aufgeschlossen gegenüberstand, zur Analyse und Veränderung seiner Denkschemata bereit, denn einen gesunden Wunsch nach Partnerschaft, am besten Eheschluss und Familiengründung konnte er spontan äußern. Nur wie dahin kommen? Einen positiven Effekt hatte sein jahrelanges exzessives Masturbieren: Er kannte seine erogenen Zonen und Reflexe ganz genau, konnte Erektion und Ejakulation sehr gut steuern, war also für den Ernstfall bestens trainiert. Im sokratischen Dialog (ich stellte Fragen so, dass er darauf die von mir gewünschten Antworten gab) entwarfen wir gemeinsam Hausaufgaben für die Tage zwischen den Sitzungen. Wir fixierten schriftlich eine To-do-Liste, wie er seine Attraktivität steigern könnte. Die Natur ist grausam, legt praktisch in der Stunde der Verschmelzung von Eizelle und Spermium die Chancen eines Individuums auf dem späteren Lebensweg fest - für alles, was man so messen kann. Schönheit ist nur sehr, sehr begrenzt ein soziales, kulturelles Konstrukt. Vielmehr sind sich alle befragten Menschen dieser Erde erstaunlich einig, wer schön ist, weil diese „ehrlichen" Signale evolutionsbiologisch einen Fortpflanzungsvorteil melden: Reine Haut, symmetrische Gesichtszüge, bei Männern ein großer athletischer Körper, bei Frauen ausgeprägt weibliche Ornamente (Busen und Po), gewinnende Mimik, harmonische Motorik, sonore Stimme, kräftiger Unterkiefer bei Männern, usw. usw. Schöne Menschen haben es durch ihr „Schönheitsprivileg" messbar leichter im Leben.

Sozialforscher haben das gar in Euro und Cent berechnet: Schöne Menschen verdienen als Gruppe betrachtet 900 Euro pro Monat mehr als hässliche, aufs gesamte Berufsleben hochgerechnet ist das der Gegenwert eines Einfamilienhauses. Eine Gentherapie, die das ändern könnte, gibt es noch nicht. Wer mit einem unterdurchschnittlichen Körper geschlagen ist, muss sein Schicksal annehmen und das Beste daraus machen. An der Anmeldung in einem Fitness-Studio führte für Florian kein Weg vorbei. Er musste an Gewicht abnehmen. Ein großer, athletischer Manneskörper war in der Steinzeit das Versprechen an die Weibchen: Ich kann reichlich Beute nach Hause bringen, dich und unsere Kinder ernähren, vor Feinden beschützen. Diese Botschaft kommt noch heute bei den meisten Frauen an, auch wenn das Essen längst im Supermarkt gekauft wird und körperliche Gewalt Sache der Polizei ist. Die Stunden auf Cross-Trainer und beim Gewichtestemmen minderten seine Bildschirmzeit. Dann kam die Suche nach Orten, an denen er außerhalb der Stadtverwaltung Frauen treffen konnte. Tanzschulen leiden unter Männermangel, in Volkshochschulkursen sind Frauen überrepräsentiert. Florians Tanzstunde lag siebzehn Jahre zurück, weshalb er tapfer einen Anfängerkurs buchte, bei dem die Tanzschulinhaberin mit ihrer Erfahrung das Matching mit der Liste angemeldeter Frauen ohne Partner übernahm. Wo hatte er in den letzten Jahren Urlaub gemacht? Meistens mit seinen Eltern auf Mallorca. Spanien hat mehr zu bieten als den deutschsprachigen Ballermann, also meldete er sich für einen Spanischkurs in der Volkshochschule an, wo er als einer von drei Männern unter 12 Frauen „vamos a la playa" übte. Er führte ein kleines Tagebuch über seine Aktivitäten, für die ich ihn lobte. Er brachte seinen Laptop mit, auf dem wir gefilmte Männerfantasien betrachteten, als meistens unvereinbar mit den Wünschen realer Frauen identifizierten. Viele Menschen mögen keinen Analsex, weil er weh tut. Männer, die mit Männern Sex haben, können ein Lied davon singen, sind oft auf Glyceroltrinitrat-Cremes angewiesen, um den analen Sphinkter zu relaxieren. Dennoch kommt es zu Einrissen der Schleimhaut, was mit Blutungen einhergeht, die Analsex ohne dickes Kondom zum Hochrisikoverhalten machen. Die aus den USA herübergeschwappte Vorliebe für Oralsex geht parallel mit einem dramatischen Anstieg von Mundkarzinomen. Verantwortlich dafür sind humane Papillomaviren, vor denen ähnlich wie bei Herpesviren nicht einmal Kondome zuverlässig schützen. Es gibt eine Impfung, die allerdings vor dem ersten Geschlechtsverkehr in frühester Jugend verabreicht werden muss, leider nicht alle Stämme dieser krebserregenden Viren abdeckt. Syphilis, Tripper und Chlamydien sind heute zwar behandelbar, aber immer noch oft zu spät diagnostiziert mit hässlichen Langzeitfolgen (Unfruchtbarkeit bei Frauen). Was hilft gegen all diese Lustseuchen? Florian und sein Therapeut waren sich schnell einig: Treue! Wer nicht beim Proktologen (Spezialist für Enddarmerkrankungen) oder gar Onkologen (Spezialist für Krebserkrankungen) enden will, der halte die Zahl seiner Sexualpartner klein, besuche auf keinen Fall Prostituierte. Florians Realitätsprüfung war gut, denn er wusste, dass seine Fantasien vor dem Bildschirm niemals Realität werden konnten. Ich bestärkte ihn darin, beim Kennenlernen lange, lange auf sexuelle Avancen zu verzichten. Vielleicht konnte er nach Eheschluss in einer stabilen Beziehung einmal schüchtern seine über die Missionarsstellung hinausgehenden Wünsche anklingen lassen? In der Verhaltenstherapie machte er Fortschritte. Nach einem Jahr war die Zeit auf den Pornoportalen auf etwa 30 Minuten täglich geschrumpft. Er schaute sich immer öfter Amateurvideos der

Kategorie MILF an (mother I like to fuck), nachdem wir über Passung auf dem Beziehungsmarkt gesprochen hatten. Wann sind Frauen für Männer jeden Alters am attraktivsten? Mit fünfundzwanzig. Dann befinden sie sich biologisch auf dem Höhepunkt ihrer Fruchtbarkeit, weshalb in eleganten empirischen Feldforschungsexperimenten verschiedene Altersgruppen von Männern immer die 25-jährigen als besonders attraktiv auswählen, egal ob die Männer 17 oder 70 sind. Florian gab ich den Rat, seine „Suchmaske" ein wenig, vielleicht um zehn Jahre zu reiferen Frauen zu verschieben. Als Gruppe betrachtet wollen Frauen zu Männern aufschauen, im übertragenen Sinne, aber auch ganz wörtlich. Das ist bei tausenden Nutzern der seriösen Dating-Plattformen so, wenn man deren eingestellte Profile und ihr Kontaktverhalten auswertet („Was geschieht beim Online-Dating", M. Spitzer, Nervenheilkunde, 2016). Die überwältigende Mehrheit der Frauen antwortet nur Männern, die größer sind als sie. Und – schrecklich zu sagen - die Hautpigmentierung muss identisch sein. Gerne darf der Mann sich auch durch einen höheren Sozialstatus auszeichnen.

Nachdem er 15 Kilo abgenommen hatte, ordentliche Bizepsmuskeln dazu entwickelte, nach einem Semester gleich in den Spanischkurs für Fortgeschrittene gewechselt war, musste er mir Erfolg melden, dazu gleich ein Foto seiner Bekanntschaft auf dem Smartphone präsentieren: Zwei Jahre älter als er, etwas kleiner, pummelig und medizinische Fachangestellte (früher Arzthelferin). Ein gemeinsamer Pauschalurlaub war für den Herbst in der Nebensaison gebucht, sein Stundenkontingent Psychotherapie zeitgleich aufgebraucht.

## 17. Ältere Männer und junge Mädchen

Warum investieren junge Mädchen so viel Zeit und Geld in Kosmetik, Frisuren und Mode? Keine Abteilung der Drogeriemärkte wuchs in den letzten Jahren derart wie die der Beauty-Regale. Influencerinnen bilden Kinder mittels YouTube-Videos zu Maskenbildnerinnen aus, deren Taschengeld in die Kassen der Make-up-Produzenten wandert. Kosmetische Operationen sind für ästhetische Dermatologen und plastische Chirurgen eine wachsende Einnahmequelle. Mädchen machen sich hübsch *für* Männer und *gegen* Konkurrentinnen, wollen unter einer möglichst großen Zahl balzender Bewerber wählen können, was so lange ganz gut funktioniert, wie sie sich in ihrer Alterskohorte bewegen. Die Verhältnisse ändern sich dramatisch, wenn sie eine Präferenz für Männer mit Ressourcen entwickeln, die gleichaltrige Jungs noch nicht bieten können (Geld, Sozialstatus, Anführercharisma). Ganz besonders heikel wird es, wenn es nicht beim schwärmerischen Anhimmeln herausragender Mannsbilder bleibt, sondern sie aufs Ganze gehen, sich in die Row zero platzieren lassen, in die Teilnahme an sogenannten after Show-partys einwilligen oder als „Yacht-Ladies" anheuern. Die Me-too-Bewegung hat ein erschreckendes Ausmaß an Ausbeutung junger Frauen durch mächtige, vermögende Männer offengelegt. Epstein mit seiner karibischen Liebesinsel, auf der sich alternde Prominente trafen, um auch Minderjährige in Serie zu missbrauchen, ist wahrscheinlich nur ein besonders pikantes Beispiel, das mediale Aufmerksamkeit auf sich zog. Der sexuelle Appetit der Hollywood-Mogule war legendär, Vergewaltigung von 13jährigen inklusive. Aber auch deutsche Hochschulen und Universitäten liefern Skandale in Serie immer nach dem gleichen Muster, wobei zumeist

Studentinnen die Opfer älterer Dozenten werden. In der Odenwaldschule hatten sich allerdings homosexuelle Lehrer als Reformpädagogen auf Knaben spezialisiert. Klassenfahrten boten und bieten auch Nächte der erotischen Annäherung, wie mein Patient B. ziemlich am Ende seiner Therapie zu berichten wusste. Ein hässlicher Scheidungskrieg hatte ihn in eine mindestens mittelgradige depressive Episode gestürzt. Während der ersten achtzehn Therapiesitzungen vermied er es peinlich, auch nur eine negative Bemerkung über seine Ex Verena fallen zu lassen, projizierte seinen ganzen Ärger in deren Anwältin, die er „die Hexe" nannte und Schwiegermutter, „den Drachen". Dabei hatte Verena ihm in der Jugend ein Trauma beschert, das sich unerbittlich in sein Gedächtnis eingebrannt hatte.

Damals in den frühen 70er Jahren war eine Klassenfahrt nach Berlin für alle Schüler der Oberstufe an Gymnasien Pflicht – Auseinandersetzung mit der deutschen Geschichte (Besuch von Museen), der deutschen Teilung (Besuch der Mauer) und den Schrecken des Kommunismus hinter dem Eisernen Vorhang (ein Tagesausflug nach Ostberlin). Das Aussehen der jungen Westler provozierte die Volkspolizisten am Grenzübergang Bahnhof Friedrichstraße zu spitzen Bemerkungen: Schon wieder so ein Trupp Gammler, Ohren frei machen! Durch die Museumskorridore liefen sie gelangweilt, fanden den Osten der Stadt aufregend (für eine zerschlissene Jeans mit Schlag ein Heidengeld angeboten bekommen, zu einem irren Kurs Westmark in Ostmark schwarz tauschen), erwachten aber erst spät abends so richtig, um die Nacht zum Tag zu machen. Dann zogen sie los, ab in die U-Bahn (es gab in ihrer Heimatstadt weder Straßen- noch U-Bahn) mit ihrer heißen sommerlichen Zugluft in den Schächten, auf zur Disco „Mr. Go". An einem Joint hatten alle schon einmal gezogen, harte Drogen waren aber kein Thema, doch in dieser Nacht sollte sich das ändern, denn eine seiner Mitschülerinnen, die immer besonders gut drauf war, spottete im Stroboskop-Licht in einer der Kojen abseits der Tanzfläche einen „Star", dessen Namen sie ihm ins Ohr brüllte, ihm vielleicht vage bekannt. B. war seit Monaten verliebt in Verena, die auf seine schüchternen Annäherungsversuche bisher nur spöttisch reagiert hatte. Heute Nacht wirkte sie elektrisiert, stürzte in Richtung der Koje, brüllte gegen den ohrenbetäubenden Lärm auf ihren Star ein, der abgeklärt an seiner Zigarette zog, sie dann aber freundlich anlächelte (so sind Amerikaner nun einmal), die vier Freunde neben sich zusammenrücken ließ. Verena war nun mit von der Partie, winkte ihren Mitschülern triumphierend zu, als der Star Drinks orderte. Sie streiften durch die überhitzten Räume, kamen an der Koje vorbei, erfuhren von Verena, dass der Star und seine Entourage ins „Sound" weiterziehen wollten – die Nacht war noch jung. So kamen sie im Schlepp des amerikanischen Promis an den Türstehern vorbei in diesen angesagten Club, wurden von ihm freigehalten, während Verena nicht von seiner Seite wich. Einer seiner schwarzen Begleiter mit Jimi-Hendrix-Frisur, die jedem Löwen zur Ehre gereicht hätte, teilte zu den Drinks kleine bunte Pillen aus, die B. aus irgendeinem Grund nicht schlucken mochte. Gegen 2.00 Uhr morgens bestellte der Star drei Taxis, lud alle, die mochten, zur Fortsetzung der Party bei einem seiner Berliner Freunde ein. Die Reise ging nach Dahlem, wo B. zum ersten Mal in seinem Leben zwischen dorischen Rundsäulen im Eingangsportal dieser Gründerzeit-Villa eine wunderschöne Halle betrat, dahinter verwirrend viele Zimmern auf zwei Etagen. Jemand legte elegische Clubmusik auf, Champagnerkorken knallten, der Schwarze händigte mehr Pillen aus, Verena lag in

den Armen des Stars, der so um die vierzig gewesen sein
mochte. Es bildeten sich Pärchen, die sich knutschend auf Le-
dersofas und Perserteppichen wanden. Irgendwann waren Verena und der Star verschwunden, was B. mit sicher zwei Pro-
mille in den Adern auf die Suche gehen ließ. Eine Tür nach der
anderen öffnete er leise, spähte durch den Spalt, konnte nach
Öffnen der Fünften eine Szene beobachten, die er nie wieder
vergessen sollte. Die Details, die sich in sein Gedächtnis tief ein-
gegraben hatten, teilte er mir minutiös mit, lud dadurch einen
Teil seines Grauens bei mir ab – projektive Identifikation nennen das die Psychoanalytiker. In der Eingangshalle gab es einen
ohrenbetäubenden Knall, dessen Spuren und Ursache er beim
Verlassen der Villa sehen sollte: Einer der zugedröhnten Gäste
hatte eine riesige antike Vase vom Sockel gestoßen. Der Knall
ließ den Star kurz zur Tür blicken, wo B. erregt einen Schritt zu
weit gegangen war, von der Deckenbeleuchtung hell ange-
strahlt wurde: „Come in, man, and have fun with this little
bitch! (komm rein, Mann, hab Spaß mit diesem kleinen Flittchen)“ Irgendetwas hinderte B. daran, bei einem „Gang-bang“
mitzumachen, der heute in Bordellen Höhepunkt mancher
Junggesellenabschiedspartys geworden ist und ein äußerst be-
liebtes Genre auf den hard core Internetpornoportalen. Warum
Verena still hielt, dabei heulte, war B. schleierhaft. Sie unter-
warf sich ihrem gottgleichen Star, der sie anfeuerte: „You are
great, baby, you are unbelievably great (du bist große Klasse,
Baby, unglaublich große Klasse).“ Wie kamen sie zurück ins
Gästehaus der Bundesbahn? B. wusste es nicht, war froh, dass
ihn eines der vom Star georderten Taxis mit dem Rest der ab-
gekämpften Schüler im Morgengrauen dorthin brachte, sie den
Nachtportier erweichen konnten, die Truppe Nachtschwärmer
einzulassen, bevor den Lehrern beim Frühstück deren

Abwesenheit aufgefallen wäre. So war das damals in den 70ern, kleine und große Stars konnten nach Belieben blutjunge Mädchen missbrauchen, die praktisch Schlange standen, deren Eltern nichts dabei fanden, ihnen Freiheiten zu lassen, von denen sie selbst nicht zu träumen gewagt hätten. Nachts allein trampen? Machen doch alle. Bei Fremden übernachten? Was kann da schon passieren. Angst vor einer ungewollten Schwangerschaft? Ich nehme doch die Pille. Und so servierten diese Jahre die sexuelle Befreiung für alle Männer, die bereit waren, die Naivität und sexuelle Neugier junger Mädchen schamlos auszunutzen. Deren Eltern kamen ihnen nicht mehr in die Quere. B. und Verena trafen sich nach dem Abitur in der nahegelegenen Universitätsstadt wieder, wo sie als Kommilitonen ein Paar wurden, heirateten und zwei Kinder bekamen, glücklich hätten leben können bis an ihr Ende, wenn Verena nicht in einem merkwürdigen Akt der Zerstörung ihre Familie verlassen hätte, um sich einem buddhistischem Guru anzuschließen, der ihr all ihre Ersparnisse abnahm, für den sie das Familieneigenheim gar mit einer Hypothek belastete, über deren Abtrag B. jetzt im Scheidungsverfahren mit der „Hexe" stritt.

Konnte ich ihm helfen, sich aus dem Gefängnis seiner Erinnerungen zu befreien?

18. Was solltet ihr euch hinter die Ohren schreiben?

Vielleicht für beide Geschlechter ganz altmodisch: Zurück zur Natur? Besser mit als gegen die Biologie?

Gerald Wagner stellte am 26.10.24 in der *FAZ-Sonntagszeitung* eine Langzeitstudie finnischer Soziologinnen zum „Glücksbonus" durch Enkelkinder vor, zog nach Lektüre noch süffisant-ironische Schlüsse:

"Wäre die Soziologie zur Lebensberatung verpflichtet, dann könnten die Jüngeren aus dieser Studie lernen, dass, wer im Alter möglichst glücklich sein will, früh heiraten und sich nicht trennen sollte, früh Kinder bekommen sollte und diese Kinder darin unterstützen sollte, selbst früh für Nachwuchs zu sorgen, damit man sich dann möglichst lange um seine Enkel kümmern kann." Diese über 16 Jahre durch Befragung von mehr als 72 000 Europäern gewonnen Erkenntnisse decken sich perfekt mit meiner anekdotischen Evidenz der letzten 50 Jahre, weshalb ich so frei bin, am Ende dieses hoffentlich unterhaltsamen Büchleins einige Fragen zu stellen, die heute völlig aus dem Rahmen fallen und die meisten Jungen laut auflachen lassen werden, so närrisch mögen sie ihnen klingen. Sei es drum: Wenn meine rückwärtsgewandten Fragen die eine oder den anderen zu einem Abbiegen auf den rechten Weg bewegen können, will ich Spott und Häme ertragen. Der Leser wird merken, ich bin kein Freund der „no-child-ideology"!

## Sieben Fragen an junge Männer

1.      Warum verlieren Heranwachsende zwischen 12 und 14 jedes Interesse an ihrem vorher so heißgeliebten Kinderspielzeug? Warum blicken Jungs plötzlich ganz anders auf die Mädchen in ihrer Klasse? Weder Eltern noch Lehrer bringen ihnen das bei. Nein, es sind kleine Moleküle, Hormone genannt, die das jugendliche Gehirn komplett umbauen und sein Denken bestimmen. Solltest Du anerkennen, dass die Evolution einen superstarken Trieb in deinen Körper eingepflanzt hat? Die Weitergabe deiner Gene ist der Sinn des Lebens. Um das zu erzwingen, erzeugen die kleinen Hormone mit Einsetzen der Geschlechtsreife dann und wann Zustände des Verliebtseins inklusive einer kleinen wahnhaften Psychose in deinem Hirn. Das nüchtern logische Denken ist dann zeitweise abgeschaltet. Unter wilden Stämmen der Steinzeit blieb es nicht nur bei Verliebtsein, nein, die Jungs überfielen sogar das Nachbartal, um Frauen zu rauben. So etwas praktiziert heute nur noch die Boko Haram und der IS sowie junge Männer, die mit einer antisozialen Persönlichkeitsstörung wegen Vergewaltigung hoffentlich im Knast landen.

2.      Was spricht dagegen, mit Mitte Zwanzig und nicht erst mit Ende Dreißig zu heiraten und ein junger Vater zu werden? Ist es die Angst, sich festzulegen, Nägel mit Köpfen zu machen? Dabei kann in einer festen Beziehung, die auf Vermehrung ausgerichtet ist, eine ganz besondere Wärme entstehen, die intensivsten Sex durch Freude am eigenen Nachwuchs möglich macht, dabei die besten Eigenschaften im jungen männlichen Gehirn blühen lässt. Es ist ein kleines Wunder, was

angeborene Instinkte an Glück erschaffen, nicht unähnlich einer Droge, aber eben ohne Kater am nächsten Morgen. Natürlich werden die anderen deines Jahrgangs dumm gucken, weil so ein natürliches Verhalten gerade als uncool gilt. Die Coolen verharren im Teenager-Modus, erkennen viel später, oft zu spät, dass sie die besten Jahre als junge Männer vertrödelt, oft buchstäblich als Gamer verspielt haben, weil sie sich nicht trauten, mutig und entschlossen den Spatz in der Hand zu heiraten. Warum überhaupt heiraten? Warum nicht steinzeitlicher Abenteuerlust frönen? Der Drang zum „Sport" ist unser Jägererbe, deren Gene wir immer noch ins tragen: Laufen bis zum Umfallen, auf einem Motorrad mit Tempo 300 auf der Autobahn die Überholenden überholen, sich im Wingsuit heldenhaft von einer Klippe stürzen oder in halsbrecherischem Tempo auf einem Mountainbike von einem Berggipfel ins Tal rasen. Diese Freude an schneller Bewegung bei maximal pumpendem Herz machte den Steinzeitjäger erfolgreich, ließ ihn Beute zu den Weibchen in die Höhle schaffen, die ihm dafür nachts ihre Gunst gewährten und seine Gene vervielfachten, die du nun in dir trägst. Zähme diese Gene und lass das Rumrasen, verplempere kostbare Lebenszeit nicht mit „no risk – no fun". Das Ausleben der Abenteuerlust in digitalen Sphären mit einer VR-Brille auf der Nase schützt zwar vor Knochenbrüchen, nicht aber vor der süchtig machenden Wirkung im Belohnungssystem deines Gehirns, was damit endet, dass du deine besten Jahre mit anderen jungen Männern vor Bildschirmen mit der Maus oder Spielkonsole in der Hand verbringst, anstatt mit dem Körper einer jungen Frau. Familiengründung ist das ultimative Abenteuer, junge Väter sind die wahren Helden! Vielleicht fliegt ja noch eine Taube aufs Dach? Prokrastination ist der lateinische Fachausdruck für dieses Hinausschieben des

Erwachsenwerdens in der vagen Hoffnung, dass das Meer weiter noch ein hübsches Mädchen nach dem anderen heranspülen wird und Mann ja noch so viel Zeit hat. Und ist es nicht auch angenehmer auf Bali oder am Mekong-Ufer mit einer frischen Liebe aus der letzten Generation Cocktails schlürfend in einer Strandbar zu sitzen, als im kalten Norddeutschland nachts von Babygeschrei geweckt zu werden? Ist es nicht. Die Balinesen wissen das noch, übertreiben es allerdings mit der Fruchtbarkeit. Indonesien geht auch daran zu Grunde.

3.     Ist es zwingend, das oft lächerliche Balzverhalten unter Jugendlichen mitzumachen, viel Geld für angesagte Klamotten und Gadgets auszugeben, noch mehr Zeit auf Tiktok und anderen Plattformen zu verbringen, um möglichst viele Likes einzusammeln? Wären Zeit und Geld nicht besser in eine Berufsausbildung investiert, die dir einmal richtig viel Geld auf dein Konto spült? Einen Beruf mit hohem Sozialprestige, über den du Interessantes zu berichten hättest? Mädchen bewundern Jungs, die ihr Ding machen und Erfolg haben. Das sagen sie zwar meistens nicht so direkt, wählen danach aber den Geliebten aus. Wie toll andere Männer aus der peer-group einen finden, kann dir daher ziemlich egal sein. Antrainierte groteske Muskelberge beeindrucken männliche Rivalen gewaltig, haben bei Mädchen nur zwiespältige Wirkung. Ebenso verhält es sich mit Angeberautos oder aggressiven Verhaltensweisen in Schule und später Freizeit, die nur noch im Unterschichtmilieu anderen Jungs imponieren. Wobei es nicht so ist, dass materielle Statussymbole gar keine Rolle spielen, denn ins Gehirn der Weibchen hat die Evolution folgende Weisheit fest eingeprägt, die vom Zeitgeist verleugnet wird: Finde einen Partner zur Paarung, der auch deine Kinder großziehen und dich ernähren

kann. Die Verfügungsgewalt über materielle Ressourcen machte in der Steinzeit den Stammesführer bzw. seine Söhne geradezu unwiderstehlich. Heute ist es das Berufsziel, das Wohlstand und Sicherheit verspricht, einen über die vielen rat- und ziellosen Jungs erhebt, die einen Teil ihrer besten Jahre für ein Taschengeld in Freiwilligendiensten verplempern, als schlecht bezahlte Erntehelfer mit Work and Travel im Gap-Year und überlangen Schulzeiten mit anschließenden Studiengängen vertrödeln, deren Abschlüsse niemand braucht. Darüber hat Ulrich Schulze in „Was soll mein Kind werden?" geschrieben. Lies das Büchlein, wenn du deine Berufswahl noch nicht getroffen hast.

4.      Was spricht dagegen, sich um ein Mädchen zu bemühen, das nicht von allen angehimmelt wird? Die aktuellen Schönheitsideale, ein Model-Körper sind schwer zu erreichen (schlank, symmetrisches Gesicht, glattes langes Haar, am besten blond). Warum sollte ein Mädchen mit leichtem Übergewicht oder kurzen Beinen und einem etwas unsymmetrischem Gesicht nicht eine dankbare Liebhaberin sein? Jungsgehirne bewerten die äußere Schönheit von Mädchen über, Intelligenz und Verträglichkeit unter. Dabei ist eine kluge und verträgliche Partnerin die beste Wahl für eine harmonische Langzeitbeziehung.

5.      Allerabwegigste Frage: Könnte das Mädchen, für das ich mich interessiere, auch die Mutter meiner Kinder werden? Klingt für einen 18-Jährigen maximal albern, ist aber maximal wichtig, denn hier kommt die nächste peinliche Ansage: Spätestens mit 28 Jahren sollte mit dem Abwarten und Zögern Schluss sein. Es bleiben also nur wenige Jahre, um unter

wenigen Mädchen die Frau fürs Leben zu finden. Sobald du Schule oder Uni verlässt, schnurren die Wahlmöglichkeiten rasant zusammen. Tinder ähnliche Dating-Plattformen sind keine gute Idee.

6.     Was ist so cool an der Idee, vom Foto eines fremden Mädchens beim Scrollen durch eine Dating-App wie vom Blitz getroffen zu werden und daraus die Liebe des Lebens zu entwickeln? Klingt doch eher absurd und gefährlich. Basis für eine dauerhafte Liebe kann nur möglichst große Ähnlichkeit sein. Gleich und gleich gesellt sich gern. Gegensätze mögen sich anziehen, aber nach einiger Zeit stoßen sie sich meistens wieder ab. Zu diesem Phänomen des „assortative mating" gibt es Berge empirischer Forschung. Die großen seriösen Online-Partnervermittlungsplattformen liefern dazu bestes Forschungsmaterial, stehen die Daten doch digitalisiert und anonymisiert zur Verfügung. Sehr lesenswert dazu ein Artikel, den der Psychiater Prof. Manfred Spitzer in der Fachzeitschrift „Nervenheilkunde" publiziert ha: „Was geschieht beim online-dating?" Hier der Link zum kostenlosen pdf:

https://www.thieme-connect.de/products/ejournals/pdf/10.1055/s-0037-1616429.pdf

7. Familiengründung mit Mitte Zwanzig, geht das überhaupt? Es ist wegen der überlangen Ausbildungsgänge nicht einfach, weil Kinder teuer sind und der Staat Verdienstausfall durch Erziehungszeiten nur mäßig ausgleicht. Bequem gelingt es nur, wenn man Eltern oder Schwiegereltern mit ins Boot nimmt, wonach die sich erstaunlich oft sehnen, wenn sie noch nicht zu alt oder krank sind. Mit ins Boot nehmen bedeutet, ganz, ganz nah beieinander zu wohnen und Kompromisse

einzugehen. Das gelingt nur, wenn beide Generationen verträglich sind. Verträglichkeit ist angeboren. Bewerte Eltern oder Schwiegereltern auf einer Skala von 0 bis 10 (Null der garstigste, unverträglichste Mensch, den du dir vorstellen kannst, Zehn der liebenswürdigste, umgänglichste): Erst ab einem Score von 5 kann man sich auf ein Miteinander mit Aussicht auf Erfolg einlassen, 6 oder 7 wären besser, 8 ist praktisch eine Garantie für Harmonie. Enkel haben für Großeltern eine erstaunliche glückstiftende Wirkung, die sie zu beachtlichen Anstrengungen für die Kinder motivieren kann, inklusive großzügiger Erbschaften oder Schenkungen. Warum diesen „Glücksbonus", den du deinen Eltern oder Schwiegereltern durch Enkelkinder schenkst, nicht für dich und deine Familie nutzen? No man does it all by himself!

### Neun Fragen an junge Frauen

1.    Stimmt es überhaupt, dass Du nur mit einem Jungen glücklich werden kannst, in den du ganz, ganz heftig verknallt bist? Die romantische Liebesheirat ist ein neuzeitliches Pflänzchen und keine Garantie für eine über Jahrzehnte stabile Partnerschaft. Wie viele Deiner Freundinnen hat das überwältigende Gefühl heftigster Liebe todunglücklich gemacht?

2.    Muss Frau unbedingt die Enge der Heimat verlassen? Wie viele von denen, die trotzig „ich muss hier raus" gebrüllt haben, sind denn allein in der Fremde glücklich geworden? Wenn sie von 18 bis 30 sagen wir mit vier Partnern hintereinander jahrelange Probebeziehungen hatten, wie viel Zeit bleibt ihnen dann noch, wenn die Frische der Jugend faltig wird?

Solche sequenzielle Monogamie oder Polyamorie können manche Männer lustig bis 50 oder 80 treiben, Frauen besser nicht. Wollen sie Kinder einigermaßen bequem großziehen, so hilft die tägliche Unterstützung von Mutter ungemein, meisten noch besser als die der Schwiegermutter. Oma muss dazu aber möglichst nahe wohnen. Schon 3 km Entfernung machen tägliche Hilfe schwierig, ab 30 km kommt man nur einmal in der Woche vorbei. Ein kluges Mädchen verlässt die Heimat nicht, nur um beruflich auf der Karriereleiter ein bisschen höher zu klettern und sie zügelt ihre Abenteuer*lust*.

3.     Wie viel anders sind eigentlich Männer? Ihr Gehirn ist im Durchschnitt nicht nur größer, sondern auch anders verdrahtet. Als Gruppe betrachtet, denken sie z.B. öfter an Sex als Mädchen, schauen x-mal häufiger Pornofilmchen. Die durch moderne Empfängnisverhütung mögliche Entkoppelung des uralten Dreiergespanns Liebe – Sex – Vermehrung geht vor allem zu Lasten der Frauen.

4.     Sind Männer die schlechteren Menschen? Ein Blick in die Gefängnisse der Erde schafft Klarheit (in Deutschland sind 94% aller Inhaftierten Männer). Deshalb Vorsicht: 5 bis 24% haben Freude am Quälen. Tappe keinem Sadisten in die Falle! Mach einen großen Bogen um unverträgliche Typen. Du kannst sie nicht therapieren. Im schlimmsten Fall endest Du im Frauenhaus oder musst gerichtliche Annäherungsverbote für einen paranoiden Stalker erwirken, der allen Ernstes glaubt, du wärst sein Eigentum.

5.     Warum nicht nach einem Softie Ausschau halten, einem verträglichen Typen ohne hohes Aggressionspotential?

Du brauchst keinen Beschützer mehr, der dich mit der Keule in der Hand gegen andere Männer aus dem Urwald verteidigt.

6.     Was ist nach Verträglichkeit das zweite wichtigste Auswahlkriterium für Mr. Right? Intelligenz, denn hohe Denkkraft geht parallel mit hohem Einkommen. Es sind die Streber mit den guten Schulnoten, die später das Geld herbeischaffen können, nicht ganz unwichtig um ohne Sorgen Kinder großzuziehen und sich etwas leisten zu können. Geld entscheidet darüber, wer für wen unter welchen Bedingungen arbeiten muss. Was ist so schlimm an einer lebenslangen Zweckgemeinschaft? Zitat:

«Die fade Ehe ist befriedigender als das fiebrige Verliebtsein», sagt der Liebesromanautor Daniel Glattauer.

7.     Welche Glaskugel erlaubt Dir einen Blick in die Zukunft deiner Beziehung? Schau dir ganz genau die Eltern (vielleicht sogar die Großeltern) deines Liebsten an: Scheidung ist erblich! Gehen die Eltern lieb miteinander um, wird mit gewisser Wahrscheinlichkeit das Söhnchen auch ein treusorgender Ehemann.

8.     Womit kriegst du (fast) jeden Mann rum? Mit Sex! Ob du ihn mit freimütig angebotenem Sex danach längere Zeit an dich binden kannst, ist eine andere Frage. Wieder so ein bedenklicher Unterschied zwischen Frauen und Männern: Männer, die Frauen beim frühen Kennenlernen freimütig Sex anbieten, werden in aller Regel nur ein Kopfschütteln ernten. Umgekehrt ist das anders. Was früher auch in Europa der christliche Deal war, ist es heute noch in den muslimischen Kulturen: Sex gibt es nur gegen Eheschluss! Dahinter steckt eine

sozialbiologische Realität: Frauen haben von sechzehn bis neunundzwanzig etwas für Männer Unwiderstehliches anzubieten, dürfen im Gegenzug etwas erwarten. Was? Ein feierliches Versprechen, dass der Mann für Frau und Kinder weiter sorgt, auch wenn die Jugend welkt und die Bauchhaut nach Geburten erschlafft. Bis neunundzwanzig sollte Frau ein solches Mannsbild gefunden haben. Danach kann es frustrierend schwierig werden, denn wie lautet eine rotzige Volksweisheit: Ältere Männer sind wie Klos - besetzt oder beschissen.

9.      Frauen sind untereinander unglaublich kommunikativ, erzählen der besten Freundin alles, was ihnen auf der Seele liegt. Warum tun sie sich oft kommunikativ mit Männern schwer? Du solltest einen Mann, der sich für Dich interessiert sehr frühzeitig über deine Erwartungen unterrichten, z.B. „ich will nicht nur Spaß haben. Ich suche den zukünftigen Vater meiner Kinder!" Für wen das ein Schlag in die Magengrube ist, der ist nicht der richtige. Beim Sex darf es nicht so laufen, dass er erraten soll, was dir guttut. Männer sind keine Gedankenleser. Du musst ihn ganz genau unterrichten. Er wird dankbar dafür sein. Dafür ist Sprache da, dass man auch über intime, heikle Dinge spricht.